Tanja Matthöfer

CHANNELING

Universalschlüssel zur Geistigen Welt

Mit einem Vorwort von
Pavlina Klemm

Besuchen Sie unseren Shop:
www.AmraVerlag.de

Ihre 80-Minuten-Gratis-CD erwartet Sie.
Unser Geschenk an Sie ... einfach anfordern!

Eine Originalausgabe im AMRA Verlag
Auf der Reitbahn 8, D-63452 Hanau
Hotline: + 49 (0) 61 81 – 18 93 92
Service: Info@AmraVerlag.de

Herausgeber & Lektor	Michael Nagula
Einbandgestaltung	Guter Punkt
Layout & Satz	Birgit Letsch
Druck	CPI books GmbH

Text © 2021 by Tanja Matthöfer, www.channel-balance.de
Covermotiv © by Josephine Wall, www.josephinewall.co.uk

ISBN 978-3-95447-479-0 (Buch)
ISBN 978-3-95447-480-6 (eBook)

Gratis Online-Kurs auf www.ImHerzenSein-Webinar.de

Ebenfalls von Tanja Matthöfer bei AMRA erhältlich:
Maria Magdalena. Erwachensweg und Leben mit Jeshua
Maria Magdalena. Herzensweg und Leben im aufgestiegenen Sein

Eine frühere Ausgabe dieses Buches erschien unter dem Titel
Im Dialog mit der göttlichen Quelle in dir. Sie wurde grundlegend
überarbeitet, stark erweitert und mit zwei neuen Einleitungen versehen.

Für alle unsichtbaren Helfer,
die uns täglich mit bedingungsloser
Liebe umgeben.

»Wer bist du?«, fragte ich das Wesen,
das ich auf dem Blatt einer Rose entdeckte.
»Ich bin ein Teil dieser Welt. Ich bin wie du«,
antwortete die Elfe.

»Und wer bist du?«, fragte ich den Engel,
der meine Schulter berührte.
»Ich bin ein Teil der göttlichen Quelle und
erlebe die Schönheit der Schöpfung. Ich bin wie du,
wir haben uns nur lange nicht gesehen.«

Und ich begann zu verstehen …

Inhalt

Liebe Leserinnen und Leser!

Es ist mir heute eine ganz besondere Ehre, ein paar einleitende Worte zu Tanjas neuem Buch schreiben zu dürfen. Es geht um Channeling – ein Thema, mit dem sich immer mehr Menschen befassen möchten und sollten. Channeling ist mir natürlich sehr nahe, denn ich bediene mich täglich selbst dieser Methode, um Wissen aus der Geistigen Welt zu beziehen.

Für mich ist Channeling inzwischen ein unerlässlicher Bestandteil meines Alltags geworden, stehe ich dadurch doch in ständiger Verbindung mit den Plejadern.

Ich verstehe also sehr gut, dass mehr und mehr Menschen die Fähigkeit des Channelns haben möchten, um sich dank dieser Fähigkeit mit der Lichtwelt und ihren Wesen verbinden zu können. Aber die meisten ahnen nicht, dass dies ihr Geburtsrecht ist. *Alle Menschen haben die Fähigkeit der Telepathie und Intuition in sich. Sie haben es nur vergessen.*

Telepathie, Intuition und die gerichtete Kommunikation mit dem Kosmos zum Zwecke des Channelns von Lichtwesen gehören zu unserer energetischen Grundausstattung. Wir haben sie in unserer lichtvollen Heimat erhalten und auf diesen Planeten mitgebracht. Und sie ist auch unsere Zukunft – die Kommunikation mit der Lichtwelt und ihren Wesen.

Tanja hilft den Menschen mit diesem Buch, ihr Geburtsrecht wiederzuerlangen. Sie beschreibt, wie jeder das Channeln erlernen kann … oder genauer gesagt, wie sich jeder der Fähigkeiten bedienen kann, die nach wie vor in ihm schlummern, um diese Fähigkeiten neu zu aktivieren. Es ist lediglich eine Frage der bewussten Absicht und Offenheit.

In Tanjas Buch findet ihr sämtliche Anleitungen, die für die Praxis des Channelns notwendig sind. Es quillt nahezu über von Übungen, die euch zeigen, wie ihr am besten channelt, welche Körperhaltung sinnvoll ist, wie ihr in einen entspannten Zustand gelangt, wie ihr euren inneren Kanal zu den Lichtwesen aufbaut … Es enthält sehr viele Übungen und gute Tipps, die es euch ermöglichen, in Kontakt zu treten mit den Geistführern, Aufgestiegenen Meistern, Engeln und anderen Lichtwesen, mit denen ihr kommunizieren möchtet.

Unerlässlich sind dabei Themen wie energetische Reinigung und energetischer Schutz. Aber Tanja ist in einem Maße erfahren, dass deren großer Stellenwert für sie zum kleinen ABC gehört. Und so gibt sie diese Erfahrungen ebenfalls an euch weiter. Sie schildert auch, wie sich die Energien und Frequenzen verschiedener Lichtwesen anfühlen. So könnt ihr lernen, sie besser wahrzunehmen und zu erkennen, aus welcher Quelle die Informationen zu euch kommen.

Sehr lustig beschreibt Tanja ihre ersten Versuche der Kommunikation mit den Lichtwesen. Dafür hatte sie sich einen Bambus ausgesucht … einen einfachen Bambus in einem Topf auf ihrem Balkon. Nach mehreren Fehlversuchen begannen statt des Bambus dann die Stiefmütterchen mit ihr zu sprechen, die sich neben dem Bambus befanden.

Eine Anzahl Stiefmütterchen hat das neue Channelmedium in der Geistigen Welt willkommen geheißen!

Tanjas Humor ist dezent und ganz und gar hinreißend. Er erfüllt das ganze Buch. Aber nicht weniger gefallen haben mir ihre große Begeisterung und ihr inneres Feuer, durch das ich mich mit ihr verbunden fühle. Diese Begeisterung und dieses innere Feuer stellten sich auch bei mir ein, kaum dass ich anfing, mit den Lichtwesen zu kommunizieren. Welche Horizonte sich mir da eröffnet haben! Endlich konnte ich die Details der Lichtwelt erfahren und tiefer in geheimnisvolle Rätsel der irdischen Welt einsteigen.

Diese Begeisterung und dieses innere Feuer haben mich seitdem nie mehr verlassen!

Und noch etwas gefällt mir wirklich ganz ausgezeichnet an Tanjas Buch: Mit jedem Wort wird deutlich, dass es nur aus einem einzigen Grund geschrieben wurde. Tanja möchte es jedem ermöglichen, das Channeln zu lernen. Sie wünscht sich für jeden Menschen, dass er sich an seine angeborenen Fähigkeiten erinnert.

Und dafür schätze ich sie sogar noch mehr.

Denn was bedeutet die Fähigkeit der Kommunikation mit der Lichtwelt und ihren Wesen? Sie bringt Unterstützung, Überblick, Verständnis, inneres Wachstum, Dankbarkeit, Liebe, Licht und Heilung – *die Heilung eurer Realität hier auf der Erde.*

Ich freue mich so sehr, dass dieses Buch jetzt existiert, dass ihr es studieren und damit arbeiten könnt!

Es ist genau das, was wir am Anfang des Goldenen Zeitalters brauchen: einen völlig selbstverständlichen Zugang, der uns unspektakulär Schritt für Schritt zeigt, wie wir unser spirituelles Geburtsrecht wieder für uns beanspruchen können. *Endlich können wir alle mit dem Kosmos und seinen sämtlichen Wesen wieder in unmittelbaren Austausch treten.*

Ihr ahnt es noch nicht, aber das wird euch ganz wundervolle Veränderungen bringen. Ich weiß, wie Channeling, wie die Fähigkeit zu channeln, mein eigenes Leben verändert hat.

Ich habe selbst erlebt, welche Bedeutung das Channeln für einen Menschen haben kann.

Ich wünsche euch deshalb viel Freude und großartige Erfahrungen bei der Kommunikation mit den Lichtwesen. Und ich danke jedem Einzelnen von euch, dass er sich für die Wunder des Channelns wieder öffnet.

Und dir, liebe Tanja, danke ich von Herzen für deine Arbeit, die den Menschen eine Anhebung des persönlichen Bewusstseins und die Heilung verschiedenster Systeme ihres irdischen Lebens bringt. Das ist so wichtig für jeden von uns.

Viel Glück und Liebe wünscht euch allen

Pavlina Klemm

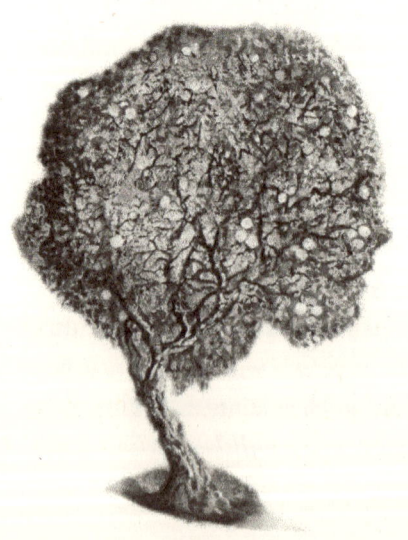

Einige vorausgeschickte Gedanken

»Guten Morgen! Möchtest du mit mir in den Garten gehen?«, sagt Neal zu mir und begrüßt mich freudig. »Der Tag wird uns wundervolle Stunden schenken. Lebe und sei. Komm mit mir.« Diese Worte stammen nicht etwa von meinem Mann, sondern tatsächlich von unserem Kater.

Wie wäre es, mit allen erdenklichen Wesen sprechen zu können? Inklusive eingebautem Universalübersetzer, der alles in deine Muttersprache übersetzt.

Klingt unglaublich? Ist es aber nicht. Das ist Channeling. Es überwindet die Grenzen zwischen unterschiedlichen Wesen und sogar zwischen Planeten und Universen bis hin zur Göttlichkeit. Ich bin diesem Wunder begegnet und es veränderte mein Leben von Grund auf.

Für mich ist es inzwischen vollkommen normal, mit Tieren, Pflanzen, Engeln, Lichtwesen und Verstorbenen zu kommunizieren. Zuvor hätte ich jemanden, der mir dies sagt, wahrscheinlich für verrückt gehalten. Ob Channeling oder mediale Kommunikation, beides öffnet nachhaltig unseren Horizont, schenkt enormes Wissen und Einblicke in fantastische Welten, die jenseits der irdischen Realität liegen.

Gerade habe ich zum Beispiel unseren Hausbaum, eine prächtige Purpurbuche, um eine Einschätzung unserer Zeit gebeten. Und sie sagt, ihrem Wesen nach ganz Natur:

>*Meine Aura behütet euer Haus, wir sind froh, hier zu sein, und haben auf diese Zeit gewartet. Immer mehr Menschen öffnen ihre Herzen, die frohe Kunde läuft durch die Reiche der Natur. Endlich ist die Zeit gekommen, in der sich die Wesen wieder verstehen und auch auf Erden erkennen werden, wer sie wirklich sind. Erst waren es wenige, doch die Zahl wächst, immer mehr haben die Entscheidung getroffen, ihrem Herzen zu vertrauen, und spüren, dass es mehr gibt zwischen Himmel und Erde. Die Menschheit erwacht und wir sind an eurer Seite, um euch freudestrahlend, als unsere Brüder und Schwestern, nach dem langen Schlaf zu empfangen.*<<

Ich möchte diesen überaus lebendigen Austausch wirklich nie mehr missen und kann dir versichern, dass es unglaublich ist, wenn du nicht nur die Menschen um dich herum verstehen kannst, sondern auch Bäume, Elfen, Zwerge, Einhörner, Geistführer, Schutzengel, Sternengeschöpfe und viele mehr.

Man fühlt sich ein bisschen wie Alice im Wunderland oder Dr. Doolittle. Alles spricht. Wenn du es möchtest.

Lernen wir wieder zu verstehen!

Per Channeling kannst du Fragen an die Geistige Welt stellen und erhältst klare Antworten. Lebenszusammenhänge können in ihrer größeren Wahrheit verstanden und die bedingungslose Liebe der höheren Sphären erfahren werden.

Selbst Landschaften, Gewässer, Berge, Galaxien, Planeten und Sterne kommunizieren. Es ist ergreifend schön und unglaublich erfüllend. Channeling ist wirklich ein Universalschlüssel zur Geistigen Welt und diese Zugänge möchte ich hier gerne mit dir teilen. Du kannst die Welt auf eine Weise kennenlernen, wie du es vielleicht nie für möglich gehalten hättest.

Los geht's, begeben wir uns in eine Welt voller Abenteuer!

1

Channeling &
die Geistige Welt

»Logisches Denken verschafft uns keine Erkenntnis
über die wirkliche Welt. Alle Erkenntnis der
Wirklichkeit beginnt mit der Erfahrung und endet
mit ihr …« – *Albert Einstein*

Was ist Channeling?

Wäre es nicht faszinierend, sich mit einer Elfe über die Gartengestaltung zu unterhalten? Von einem Baum Einblicke in die
Weisheit des Lebens zu empfangen? Wäre es nicht einzigartig,
von einem Stein etwas über Schöpfungsvorgänge zu erfahren?
Könnte es nicht erstaunlich sein, die Flügel eines Engels zu

spüren, mit einem Drachen oder Einhorn zu plaudern und Antworten auf deine Lebensfragen zu erhalten?

Channeling führt dich genau dort hin.

Es ist ein wahrer Universalschlüssel zur Geistigen Welt, der dir einen bewussten Zugang zu den unsichtbaren Dimensionen ermöglicht. Du kannst gezielt Fragen an alle Schöpfungsreiche stellen und Antworten in verständlichen Worten empfangen. Es bringt deine innere Weisheit hervor und stärkt dich.

Übersetzt bedeutet Channeling »kanalisieren«. Du empfängst Informationen aus der Geistigen Welt durch deinen aktivierten inneren Kanal, der sich aus deinen sieben Hauptchakren, zahlreichen Nebenchakren sowie den Erdchakren und höheren Chakren zusammensetzt. Durch ihn sind alle medialen Wahrnehmungsformen wie Hellhören, Hellsehen, Hellfühlen, Hellriechen und Hellschmecken möglich, ebenso wie das Empfangen von Botschaften, Einweihungen, Entwicklungsimpulsen, Heilenergien und vielem mehr.

Jeder Mensch ist von seiner Grundnatur her medial veranlagt. Wir können Stimmungen in Räumen oder von Personen spüren, denn wir fühlen uns irgendwo spontan wohl oder unwohl. Manchmal wissen wir unvermittelt, ob es einer Person gut oder schlecht geht oder sprechen genau das aus, was unser Gegenüber gerade denkt.

Dir wird es da nicht anders ergangen sein. Das heißt, dass auch du mediale Wahrnehmungen schon längst erlebt hast. Diese wundervollen Gaben sind in allen Menschen angelegt und müssen genau genommen nicht neu erlernt, sondern nur wiedererweckt und trainiert werden.

Bereits im Alter von fünf Jahren verspürte ich den Wunsch nach Hellsichtigkeit und Erleuchtung und lebte jahrelang in der traurigen Annahme, dass das Channeln wohl nur wenigen ausgewählten Menschen vorbehalten wäre.

Wie gut, dass dies nicht die Wahrheit war! Als ich das Channeln mit Anfang Dreißig dann für mich entdeckte, durfte ich durch diese bewusste Verbindung zu meiner Göttlichkeit und zur Geistigen Welt wahre Wunder und Quantensprünge in meiner Entwicklung erleben.

Wir sind unserer Natur nach Seelenwesen, die sich für ein Leben als Mensch auf der Erde entschieden haben. Unsere gewohnte Sprache dient lediglich unserer menschlichen Form, doch in unserer Essenz sind wir reines Bewusstsein und unsere natürliche Kommunikationsform ist telepathisch. Leider wird die Medialität nicht bereits in der Schule unterrichtet und die meisten Menschen wissen nicht einmal, dass diese fantastischen Sinne zu uns gehören, um unser Weltbild unendlich erweitern zu können. Zudem wird unser innerer Kanal oftmals von Ängsten, Zweifeln, Unsicherheit, Stress oder auch Fremdenergien verdeckt; die medialen Sinne bleiben inaktiv und untrainiert. Wir sind auf die Dichte der Materie fokussiert und haben kaum Einblicke in die höheren geistigen Reiche, da sie sich in einer höheren Schwingung befinden als wir selbst. Wir dürfen erst wieder lernen, unseren Zugangskanal zur Geistigen Welt zu aktivieren und zu nutzen.

Der Kontakt in höhere Bewusstseinsebenen kann nicht über unseren Verstand geschehen, denn wir können uns dort nicht hineindenken. Er kann nur über Herzens- und Bewusstseinsöffnung und Schwingungsanhebungen erlebt werden. Unsere Herzensebene ist dabei die erste und wichtigste Tür zur Geistigen Welt. Wenn wir hindurchgehen, beginnt sich unsere mediale Wahrnehmung wieder zu öffnen. Die Sphären der Geistigen Welt bleiben nicht länger unsichtbar und rätselhaft, sondern können mit den medialen Sinnen direkt erkundet werden. Es eröffnen sich Möglichkeiten, von denen wir bislang nicht zu träumen wagten!

Welche Fragen kann Channeling beantworten?

In einem Channeling kannst du allgemeine wie auch persönliche Fragen zu allem, was dich interessiert, an die Quellen der Geistigen Welt stellen. Übergeordnete Zusammenhänge, die hinter dem Weltgeschehen stehen, Vorausschau auf zukünftige Potenziale, Informationen über den Aufstiegsweg der Menschheit, Einblicke in karmische Hintergründe von Personen und Völkern wie auch Konflikten, Unfällen und Kriegen, Einblicke in die Natur, in vergangene Leben und Kulturen, der Einfluss der Erdentwicklung auf andere Planeten und das Universum, die Reise unserer Seelen und Unendliches mehr kann per Channeling abgefragt und erforscht werden.

Dies generiert mit der Zeit nicht nur einen unglaublichen Wissensschatz, sondern bringt auch schrittweise deine eigene Weisheit wieder hervor. Channeling kann dir wertvolle Antworten, Impulse und Botschaften für deinem Lebensweg vermitteln. Mir liegt es sehr am Herzen, dir in diesem Buch die vielfältigen Einsatzmöglichkeiten und Quellen des Channelings näher zu bringen, um dich zu inspirieren.

Zu deinen persönlichen Lebensthemen kannst du die Ursachen wie auch Lösungen channeln. Wenn jemand beispielsweise Mobbing am Arbeitsplatz erfährt, krank ist, immer wieder in unglücklichen Partnerschaften landet oder einfach nicht in die Lebensfreude kommt, so kann unser Verstand die wahren Hintergründe nur erraten. Zudem sind wir über ihn mit der Verletzungsebene verbunden, die aus unseren verletzten Seelenanteilen besteht. Aus den unerlösten Leidensgeschichten fließen negative Emotionen und Gedanken, wir spüren alte Ängste und Begrenzungen, aber kommen nicht in die Lösung unseres aktuellen Problems. Über ein Channeling hingegen werden die wahren Hintergründe schlüssig erläutert. Verletzungen aus der Kindheit, begrenzende Glaubenssätze, innere Missverständnisse, ungünstige Verhaltensmuster, karmische Ursachen oder andere Zusammenhänge, die zu dem Problem führten, werden aufgedeckt und es können Lösungsvorschläge einfließen. Du kannst Fragen zu allen persönlichen Belangen stellen, die Antworten und Impulse werden deine Entwicklung liebevoll unterstützen.

Die Kunst des Channelns

Channeling ist das Übersetzen der empfangenen Botschaften in verständliche Worte und wird dabei als ein zügiger, vollkommen harmonischer Gedankenfluss erlebt. Es ist kein lautes Sprechen, wie bei der Vorstellung vom »kleinen Mann im Ohr«. Wer hier angestrengt lauscht, geht am eigentlichen Fluss des Channelings vorbei.

Die Sätze fließen derart zügig, wie man sie sich so harmonisch und stimmig in einer derartigen Geschwindigkeit nicht auszudenken vermag. Aus einzelnen Worten bauen sich Sätze auf. Die Kunst ist es dabei, die Worte voller Vertrauen fließen zu lassen, auch wenn man den tieferen Sinn zunächst noch nicht erkennen kann. Erst wenn man sie Satz für Satz ausspricht oder aufschreibt, offenbart sich die schlüssige Kernbotschaft und ergibt ein stimmiges Gesamtbild.

Das klassische Channeln meint das Empfangen von Worten und kann zusätzlich von inneren Bildern, Farben, Klängen und erhebenden Gefühlen begleitet sein und verdeutlicht werden. Manche Menschen empfangen nur innere Bilder ohne einen begleitenden Wortfluss und bemühen sich dann unter Umständen, sie zu interpretieren. Dies wäre dann kein reines Channeling, sondern ein Rätselraten aus dem Verstand. Bei einer solchen Deutung kann der Mensch, anders als beim Channeling, nur auf seine bisherigen Erfahrungen und Vorstellungen zurückgreifen. Zudem können sich unbewusst Verletzungen einmischen und ein falsches Bild zeichnen. Hier ist es wichtig, den Verstand liebevoll beiseite zu stellen und die Bedeutung der Bilder zu channeln, um die wahre Botschaft zu erfahren.

Wenn gechannelte Worte und Bilder jedoch gemeinsam fließen, unterstützen sie das Verständnis der oft neuen Wissensbereiche, die sich im Channeling offenbaren. Durch das Channeling hat sich meine Hellsicht wieder aktiviert und ich entdeckte das mediale Reisen. Ich habe dadurch unglaublich viel gelernt. Fast mein gesamtes Wissen über die geistigen Dimensionen und größeren Zusammenhänge stammt von dort.

Bleiben wir auf den Verstand begrenzt, so nehmen wir nur die menschlich-irdische Realität wahr, alle anderen Welten bleiben unserer Wahrnehmung dann leider verschlossen.

Heben wir unsere Energien jedoch an und öffnen unsere medialen Sinne, erblicken wir die göttliche Wirklichkeit hinter den Kulissen der irdischen Realität.

Was ist die Geistige Welt?

Die feinstofflichen Schöpfungswelten werden als Geistige Welt bezeichnet und hinter allem steht das reine Bewusstsein, das wir sind, die göttliche Wirklichkeit.

In unserem wahren Wesenskern sind wir empfindungsfähiges, formloses Bewusstsein, das untrennbar mit der Liebe und Einheit der göttlichen Quelle verbunden ist.

Wenn du die Augen schließt und dir alles um dich herum wegdenkst, bleibt das Gefühl übrig, dass du existierst. Hier spürst du dein reines Bewusstsein, das an keine bestimmte Form gebunden ist, sondern sich vollkommen frei bewegen kann.

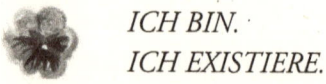

ICH BIN.
ICH EXISTIERE.

Neben dem menschlichen Leben gibt es vielfältigste Existenzformen, denn die Schöpfung umfasst verschiedene Universen mit unzähligen Welten und noch viel mehr. Die Anzahl der feinstofflichen Welten ist dabei um ein Vielfaches größer als die der materiellen. Diese wunderschönen Lichtwelten bleiben unseren menschlichen Sinnen verborgen, denn sie bewegen sich auf viel höheren Schwingungsfrequenzen als die Materie und wir selbst. Das Channeling und unsere Medialität geben uns die lang ersehnten Zugänge zurück, denn durch sie wird das Unsichtbare plötzlich wieder ein erfahrbarer Teil unseres Lebens.

Die Schöpfungswelten teilen sich im Prinzip denselben Raum, sie existieren auf unterschiedlichen Frequenzbändern und kommen deshalb nicht miteinander in Berührung. Sie lassen sich sehr gut mit Radiowellen vergleichen. Alle Radiosender senden ihre Wellen durch denselben Raum und auf dieselbe Weise schwingt jede Schöpfungswelt auf ihrer speziellen Frequenz in einer ganz eigenen Dimension. Ausschlaggebend ist dabei, auf welche Welle unser innerer Kanal eingestimmt ist, damit wir den gewünschten Sender empfangen.

Mit etwas Übung können wir so lernen, uns auf die Schwingungsfrequenzen von Engeln, Naturwesen, Aufgestiegenen Meistern, Sternengeschöpfen und vielen anderen Wesen einzustimmen, um aus ihren Dimensionen Botschaften, Bewusstseinserweiterungen, Heilimpulse, Bilder, Klänge, Farben, Energien und mehr zu empfangen.

Zu diesem Thema erlebte ich vor vielen Jahren einige Sichtungen. Ich wurde nachts wach, doch war mein Bewusstsein noch in den Astralkörper verschoben, so dass ich andere Dimensionen tatsächlich vollständig sehen konnte.

Bei einer Gelegenheit war rechts neben meinem Bett plötzlich die Wand verschwunden und ich blickte auf einen idyllischen Bauernhof inmitten einer farbigen Blumenwiese. Dadurch, dass ich nicht mehr durch die Wahrnehmungsfilter meines materiellen Körpers begrenzt war, erschien alles hyperreal, extrem farbig und ich konnte 360 Grad schauen.

Hinter mir sah ich in eine Wüstenlandschaft, in der ein friedliches, spinnenähnliches Wesen mit gleich sechzehn Beinen herumlief, das es auf der Erde in dieser Größe und Form glücklicherweise nicht gibt. Das bestätigte mir eindrucksvoll, dass sich andere Welten wirklich denselben Raum teilen und nur auf unterschiedlichen Frequenzbändern schwingen.

Unsere menschlichen Sinne sind hauptsächlich auf die irdische Ebene ausgerichtet und nicht darauf, andere Dimensionen ständig sehen und hören zu können, denn es würde uns vom Leben ablenken und verwirren. Es macht sehr viel Sinn, dass die medialen Wahrnehmungen unsere menschlichen Sinne nicht dominant überlagern, und so bleiben sie zumeist inaktiv, bis wir sie wieder öffnen. Durch meine Sichtungen, bei denen ich immer mal wieder feinstoffliche Wesen und Dimensionen mit meinen physischen Augen und Ohren sehen und hören darf, bin ich in die Akzeptanz gekommen, dass dies kein Dauerzustand sein sollte. Es ist nicht witzig, wenn du im Auto sitzt und auf einmal wird der Boden unter dir durchsichtig und es sieht so aus, als würdest du auf einem Nichts über eine Schlucht fahren. Natürlich ist die Straße immer noch da und das Auto fährt sicher weiter, doch auf so etwas muss man wirklich vorbereitet sein, und es lenkt wirklich enorm ab.

In den früheren Jahrtausenden waren die Energien auf der Erde sehr viel dichter als heutzutage. Unsere wahrnehmenden medialen Sinne blieben dadurch allerdings übermäßig verschlossen, so dass wir die anderen Reiche sogar leugneten. Selbst Tieren und Pflanzen sprachen wir nicht einmal mehr eine Seele zu. Zum Glück klärt sich dieser gewaltige Irrtum mit unserem erwachenden Bewusstsein endlich auf!

In einem schlafenden Trennungsbewusstsein können wir unsere geistigen Helfer nicht wahrnehmen, wir fühlen uns von der göttlichen Quelle, anderen Dimensionen und Wesen getrennt. Doch wir sind ganz und gar nicht allein, sondern von liebevollen Geistführern und Helfern umgeben, die uns mit hilfreichen Impulsen versorgen möchten. Sie sprechen wirklich rund um die Uhr zu uns, wir hören sie bloß nicht. Ihre feinstofflichen Körper schwingen auf anderen Frequenzbändern, aber dennoch sind sie real. Sie umgeben uns mit ihrer Liebe und fördern unser Erwachen.

Unsere vielen Inkarnationen haben es mit sich gebracht, dass wir unsere Göttlichkeit vergessen haben. Wir haben uns derart auf die irdische Realität fixiert, dass wir alle anderen Dimensionen einfach ausgeblendet haben. Wir unterliegen dem Glauben, dass das Leben als Mensch die einzige Realität sei, und das ist schlicht nicht die ganze Wahrheit.

In Wahrheit sind wir Bewusstsein und unsere Essenz ist die Liebe und schöpferische Glückseligkeit der göttlichen Quelle. Wir können uns in allen Schöpfungswelten, in den unterschiedlichsten Körperformen wie auch als freies, körperloses Bewusstsein ausdrücken.

Ein Verständnis unserer Göttlichkeit konnte bislang nur durch wenige erleuchtete Menschen überbracht werden. Dadurch blieb es für die allermeisten Menschen bei einem blinden Glauben, der durch keinerlei eigene Wahrnehmung bestätigt werden konnte. Stattdessen wurden fade Abbilder und Fehlinformationen erschaffen. Wir glaubten an Gott als einen strafenden, bärtigen Mann im Himmel, ans Fegefeuer oder auch an gar nichts, weil wir die höheren Dimensionen schlicht nicht wahrnehmen konnten. In diesem Zustand spricht man von einem schlafenden oder unerwachten Bewusstsein, denn es besteht kein bewusster Kontakt zur Geistigen Welt und Göttlichkeit. Wir konnten die Verbindung nicht aufrechterhalten und sind Leben um Leben durch die berühmten Schleier des Vergessens gegangen.

Auch wir tragen jedoch hohes Wissen und umfassende Weisheit in uns, die durch unsere Erfahrung als Mensch um ein Vielfaches erweitert wurde. Schwer zu glauben? Tatsächlich durchlaufen wir als Menschen eine großartige Schöpferschule und verweisheiten dabei einzigartige Facetten von Liebe, Mitgefühl und dem Aufstieg aus größtmöglicher Trennung. Mit jeder Erfahrung werden wir uns der allumfassenden Schöpfung bewusster und lernen, selbst Schöpfer zu sein. Dies ist der wundervolle Weg unserer Seelen und er ist unbegrenzt.

Auf unserer Reise ist irgendwann der Zeitpunkt gekommen, uns wieder für die Rückverbindung zur Göttlichkeit und damit auch für unsere natürliche Medialität zu öffnen.

Wie kommuniziert die Geistige Welt?

Die Geistige Welt kommuniziert in Form von Informationspaketen, die über unsere höheren Chakren in unseren inneren Kanal einströmen. Auf den hohen geistigen Ebenen gibt es keine linear voranschreitende Zeit wie auf der Erde, sondern eher Abfolgen, die sich multidimensional ausdehnen. Sämtliche Informationen fließen dort sehr schnell.

Sie brauchen nicht Satz für Satz gesprochen zu werden, eine komplexe Erfahrung lässt sich auch in einem einzigen kompakten Paket auf einmal übermitteln.

Wenn du beispielsweise an deinen letzten Urlaub denkst, so kannst du dir die Erinnerung als Gesamtpaket wachrufen. Du musst sie dir nicht Satz für Satz erzählen, sondern weißt innerhalb einer Sekunde, wie der Urlaub war. Die Tage waren sonnig, du hast Freunde getroffen und ihr wart im Meer schwimmen. Derartiger Natur kannst du dir auch die Informationspakete der Geistigen Welt vorstellen. Beim Channeling empfangen wir sie durch unseren inneren Kanal und sprechen sie Satz für Satz aus oder schreiben sie auf. Wenn man bereits trainiert ist, kann es durchaus geschehen, dass man innerhalb einer Sekunde einen umfassenden Zusammenhang komplett durchschaut. Dies nennt man spontanes inneres Wissen und ich persönlich bezeichne das gerne als »Blitzchanneling«.

Als Menschen kommunizieren wir durch Worte und Gesten. Zudem gibt es unterschiedliche Sprachen und das erschwert eine Kommunikation schon erheblich. In höheren Bewusstseinsebenen haben wir dieses Problem glücklicherweise nicht. Dort können wir umfangreiche Erlebnisse innerhalb eines Sekundenbruchteils telepathisch untereinander austauschen. In den Übermittlungen sind Gefühle, Bilder, Farben, Klänge, Energien, Düfte, Geschmäcker und vor allem Bewusstsein enthalten. Für den Empfänger ist es dann so, als wäre er selbst dabei gewesen. Hier gibt es keine Sprachbarrieren.

Bei einem Channeling wird wie bei einem Universalübersetzer alles automatisch in die Sprache übermittelt, die *du* verstehst. Durch den erhöhten Bewusstseinszustand, den wir beim Channeling erfahren, erleben wir die übermittelten Dinge förmlich mit. Wir wissen und spüren, dass die gechannelte Information die Wahrheit ist, und bekommen wunderschöne Einblicke in die Geistige Welt.

Nun weißt du, wie die Informationen aufgebaut sind, und als Channeler sind wir Mittler zwischen den Welten. Dabei ist Channeling kein einseitiger Informationsfluss, sondern ein lebendiger Austausch zwischen den Welten. Auch die Geistige Welt lernt durch unsere Erfahrungen. Deshalb sollten wir die menschliche Existenz auf keinen Fall unterschätzen oder herabsetzen. Wir sind beileibe keine Bittsteller, sondern befinden uns in einer wunderschönen, wenn auch sehr herausfordernden Erfahrung als Mensch, von dessen Weisheit die gesamte Schöpfung profitiert. Ganz neue Welten ungeahnter Schönheit entstehen daraus.

Die Blicke des Universums sind gespannt auf den Aufstieg der Menschheit gerichtet. Mit zunehmender Bewusstheit und Herzensöffnung nehmen wir endlich die Schönheit unseres wundervollen Planeten wieder wahr, so dass wir ihn bewahren und genießen können. Wir erwachen zur Schönheit.

Volltrance oder nicht?

In den dichten Energien früherer Zeiten war Channeling oftmals nur in einer Volltrance möglich, bei der das Medium sein eigenes Bewusstsein so weit zurückstellen musste, dass es hinterher kaum noch Erinnerungen an den Kontakt hatte. Dies ist heutzutage glücklicherweise nicht mehr notwendig, denn durch den 1987 begonnenen Aufstiegsprozess haben sich die globalen Energien stark erhöht und den Kontakt vereinfacht.

Eine ganz leichte Trance ist bereits völlig ausreichend, um ein Channeling zu empfangen. Wir sitzen wieder in der ersten Reihe und nicht mehr auf den hinteren Plätzen!

Channelings sind viel mehr als nur Worte

Bei jedem Channeling werden unsere Energien angehoben und wir tauchen in die erhöhten Bewusstseinsebenen ein, aus denen die gechannelten Informationen stammen. Wir empfangen

Antworten von purer Liebe und Weisheit, die weit jenseits unseres Verstandesdenkens liegen.

Der Channeler wie auch der Empfänger der Botschaft werden in ihren Energien angehoben und erhalten einen Entwicklungsanschub. Die hohen Energien fördern Erkenntnisse, durch die wir unsere Schwingung schrittweise anheben. Wenn wir beispielsweise mit einem Engel kommunizieren, fließen sowohl das Bewusstsein als auch die heilsamen Energien des Engels wie durch ein geöffnetes Tor direkt zu uns. Wir schwingen in diesem Zustand selbst auf der Ebene der Engel und können wundervolle Einblicke erhalten.

Göttliche Worte zu channeln bedeutet Liebe und Wahrheit zu vermitteln. Reine gechannelte Botschaften sind immer spürbar von Liebe erfüllt. Sie verurteilen nicht, prangern nicht an, drängen nicht in eine bestimmte Richtung oder weisen gar Schuld zu, sondern möchten uns liebevoll unterstützen und daran erinnern, wer wir wirklich sind. Sie stellen Wahlmöglichkeiten und Lösungen vor. Reine Botschaften vermitteln immer ein Gefühl von Liebe, von Angenommensein, Zuhausesein. Sie sind stets inspirierend und aufbauend.

Lebenszusammenhänge können in ihrer größeren Wahrheit verstanden werden. Wir können göttlich inspirierte Schritte, neue Ideen, Heilweisen, musikalische Kompositionen, Gedichte und Wissen empfangen. Wir können erfahren, wie die Naturwesen leben und was uns die Tiere und Pflanzen mitteilen möchten. Auch Landschaften, Gewässer, Berge, Steine, Galaxien, Planeten und Sterne kommunizieren. Es ist so berührend und heilsam. Ängste lösen sich augenblicklich auf, wenn wir wahrhaftig zu verstehen beginnen.

Alles spricht: In der Kommunikation mit Allem Was Ist kannst du die Welt auf eine Weise kennenlernen, wie du es vielleicht nie für möglich gehalten hättest!

Findhorn: Wie ich selbst zum Channeln kam

»Wie bist du eigentlich zum Channeln gekommen?«, werde ich sehr häufig gefragt. Ich wurde durch ein Findhorn-Buch inspiriert. Es beschrieb die spannende Lebensgeschichte von Eileen und Peter Caddy sowie Dorothy Maclean. Anfang der 1960er Jahre zogen die drei aus einer Notlage heraus in einen Wohnwagen im nordschottischen Findhorn und versuchten auf den eher sandigen Böden Nahrung für sich anzubauen. Eileen channelte Botschaften aus der göttlichen Quelle und Dorothy von den Naturwesen und Devas der Pflanzengruppen. Peter, Eileens Mann, war die umsetzende Kraft und verwirklichte die Anpflanzungen. Jeder von ihnen folgte seiner inneren Führung und brachte seine Qualitäten ein. Die Naturdevas leiteten sie bei der Kultivierung der Flächen an und erklärten ihnen die übergeordneten Zusammenhänge.

Die drei wurden Teil einer ganz besonderen Erfahrung, welche die Menschen bis heute inspiriert. Mit Hilfe der »kleinen Wesen« wie Elfen, Gnomen, Faunen, Zwergen, Feen und den Devas der Pflanzen wurde es möglich, dass sie auf kärgsten Böden die erstaunlichsten Gemüseerträge erwirtschafteten. Sie brachten das Wunder von Findhorn hervor, denn es war überraschend, dass in der Gegend überhaupt etwas gedieh.

Durch die Lebensgeschichte der drei wurde ich tief im Herzen berührt. Mich sprach besonders die Kommunikation mit den Pflanzendevas und dem »kleinen Volk« an. Ich jubelte innerlich und dachte mir, wie großartig es doch wäre, mit ALLEM sprechen zu können. Sogar mit jenen Wesen, bei denen wir eine Kommunikation zunächst gar nicht für möglich halten würden. Dieses Buch präsentierte mir das einwandfreie Funktionieren einer telepathischen Kommunikation, die in der Lage war, die bisherigen Grenzen vollständig zu überwinden. Kommunikation ohne sprachliche Barrieren. Und das Ergebnis war sogar direkt sichtbar. Die Pflanzen brachten riesige Gemüse und Früchte hervor, wie sie dort eigentlich gar nicht wachsen durften. Alle Beteiligten wirkten harmonisch zusammen. Wie wundervoll! Ich war tief beeindruckt. Alles spricht – sogar die Pflanze, von der ich es niemals vermutet hätte!*

Mein Herz war entflammt. Ich las das Buch zu Ende und spürte den dringenden Wunsch nach einem Selbstversuch. Sehr unbedarft, aber mit brennender Leidenschaft im Herzen, setzte ich mich an einem Frühsommertag auf den Balkon meiner damaligen Wohnung vor eine Bambuspflanze und startete einen ersten Versuch. Ich setzte mich aufrecht auf einen Stuhl, schloss die Augen und versuchte eine Verbindung zu der Pflanze herzustellen. Ich hatte ehrlich gesagt überhaupt keine Ahnung, wie das funktionieren sollte, denn das Buch enthielt leider keine Anleitung. Ich konzentrierte mich etwas angestrengt auf den Bambus und begrüßte ihn. Ich stellte mich liebevoll vor, doch nichts geschah.

Dann sandte ich ihm gedanklich die Frage, ob er sich wohlfühlen würde und mir vielleicht etwas über sich erzählen könnte. Wieder geschah nichts. Ich saß eine gute Stunde fast regungslos vor dem Topf, wiederholte meine Fragen mehrfach, formulierte sie um und überlegte mir neue. Doch statt eine Antwort zu er-

---

* Das Buch, von dem hier die Rede ist, liegt als *Der magische Findhorn-Garten* im Aurinia Verlag, Hamburg 2015, auf Deutsch vor. Einer der Mitbegründer der Findhorn Foundation, zu der sich dieses kleine Staatswesen Findhorn im Norden von Schottland entwickelte, ist David Spangler, der bei AMRA das Buch *Techno-Elementale* veröffentlichte, in dem er die neue feinstofflich beseelende Dimension unserer High-Tech-Zivilisation beschreibt. Er verfasste auch das Vorwort zu dem AMRA-Buch *Die Sídhe* seines engen Freundes John Matthews, der darin einen Abgesandten des irischen Feenvolkes channelt. Die Beschützerin des Feenvolkes ist übrigens die irische Göttin *Die Morrígan*, über die Morgan Daimler in ihrem gleichnamigen AMRA-Buch berichtet.

halten, wurde ich immer müder. Ich sank in eine Stille, in der ich mich fast hypnotisiert fühlte. Das war damals ein ungewohnter Zustand für mich. Mit leichten Trancezuständen, wie sie aus einer Entspannung hervorgehen, war ich noch nicht vertraut. Und wieder geschah – *nichts!* Nachdem mein Kinn ruckartig nach unten sackte, weil ich gerade eingeschlafen war, gab ich meinen Versuch für diesen Tag auf.

Aber es ließ mich nicht mehr los. Mein Forschergeist war hellwach und so ganz ohne einen Erfolg wollte ich mich nicht aus dem Experiment lösen. Ich sprach mit einem Freund darüber und er sagte scherzhaft zu mir, dass Bambus ja wohl eher eine Pflanze des Schweigens sei. Er werde schließlich oft als Symbol für die Meditation genutzt. *Ach ja?*, dachte ich nur und schmunzelte innerlich. *Eine Pflanze des Schweigens ist ja wirklich die beste Voraussetzung für ein telepathisches Gespräch!*

Am nächsten Tag war es wieder so weit. Ich brannte vor Neugier und begab mich nach dem ersehnten Feierabend zurück auf meinen Balkon. »Dann wollen wir mal sehen, ob du nicht vielleicht doch sprechen kannst«, sagte ich laut zu dem Bambus und startete Teil zwei meines Experiments. Wieder sank ich nach innen. Aber diesmal übermannte mich die Müdigkeit nicht, denn ich war besser vorbereitet und versuchte mich nicht von ihr einnehmen zu lassen. Mein Körper entspannte sich wohlig und ich sank in eine innere Stille. Plötzlich bekam ich den Eindruck, dass ich den Bambus über mein Gefühl wahrnehmen konnte. Ich spürte seine beruhigende Ausstrahlung und ahnte, dass es ziemlich gut war, mich derart zu entspannen. Dann zog es meine Aufmerksamkeit ganz unerwartet nach links, denn von dort floss plötzlich eine quirlige Lebendigkeit zu mir. *Die Stiefmütterchen!*

Links neben mir befand sich ein Blumenkasten mit kleinen, orangefarbenen Hornveilchen. Ihr beseelter Impuls wurde in meiner tiefen Entspannung für mich spürbar. Als ich mich ihnen zuwandte, bekam ich ein schemenhaftes inneres Bild, dass sich die Pflänzchen angeregt miteinander unterhielten, ganz wie bei einem Kaffeeklatsch. Das war so belustigend und überraschend, dass ich ziemlich sicher sein konnte, es mir nicht eingebildet zu haben. Auf die Idee eines Kaffeeklatsches in meinem Blumenkasten wäre ich wirklich nie gekommen. Achtsam und liebevoll wandte ich mich an die niedlichen Geschöpfe und sandte ihnen ein geistiges »Hallo?!«.

Sofort schlug die angeregte Unterhaltung in absolute Stille um. Kein Mucks mehr im Blumenkasten! Stattdessen hatte ich den Eindruck, dass mich die Pflanzen alle erstaunt ansahen. Sie hatten ihr Gespräch unterbrochen und schauten mich mit großen Augen an. Ich konnte ihr Erstaunen fühlen und sie drehten sich alle zu mir um.

»Äh … ich bin Tanja …«, reagierte ich nach einer kleinen Schrecksekunde. »Ich habe euch in den Blumenkasten auf meinem Balkon gepflanzt und möchte sehr gerne mit euch sprechen. Habt ihr Lust darauf?«

Instinktiv hatte ich wohl alles richtig gemacht. Mich höflich vorgestellt, meine Bitte angetragen und ich stellte es ihnen frei, mir zu antworten. Ich nahm wahr, wie sie untereinander tuschelten. Dann wandte sich mir eine von ihnen zu und begrüßte mich freudig. Sie seien doch insgesamt recht überrascht, mit einem Menschen zu sprechen, sagte sie. Ich konnte das Gespräch nicht laut hören, sondern ihre Worte flossen als sanfter Gedankenstrom im mich hinein. Sie würden sich aber sehr freuen, jetzt mal mit einem Menschen zu sprechen. Sie hätten zwar davon gehört, dass so etwas möglich sei, allerdings noch nie diese Erfahrung gemacht.

Unglaublich!!!

Die Pflanze, die für die Gruppe sprach, trat hervor und lief in ihrer feinstofflichen Gestalt an den Rand des Blumenkastens.

»Möchtest du etwas von uns wissen?«, fragte sie mich und ich nahm sogar den Klang ihrer hellen, weiblichen Stimme wahr. Wie bezaubernd! So ein kleines, zartes Wesen.

Ich überlegte kurz. Während mir beim Lesen des Buches noch tausend Ideen gekommen waren, was ich Pflanzen schon immer einmal fragen wollte, fiel mir jetzt absolut nichts mehr ein. »Ich weiß nicht«, entgegnete ich etwas unsicher. »Erzähl mir doch bitte, wie ihr euer Leben in dem Blumenkasten empfindet. Wie erlebt ihr den Tag?«

Was dann kam, hatte ich noch nie zuvor erlebt. Es war eine Mischung aus einem sanften, aber dennoch deutlichen Gedankenstrom, untermalt mit inneren Bildern und spontanem Wissen. Er wurde von erfüllenden und erhebenden Gefühlen begleitet. Ich konnte tatsächlich verstehen, was sie sagten – ich sprach mit Pflanzen! *Ein Wunder!*

Für mich jedenfalls, zu jenem Zeitpunkt.

Während sie mit mir sprachen, sah ich innerlich, wie sich ihre Blütenköpfe sanft im Wind wiegten, und ich spürte die wärmende Kraft der Sonne auf ihren Blättern. Sie fühlten sich in ihrer Gruppe unendlich wohl, liebten den Tag und das Sonnenlicht. Durch den Kasten fühlten sie sich nicht begrenzt. Es war nicht schlimm, dass sie nicht im Freiland standen. Sie spürten die warme, nährende Erde um ihre Wurzeln und liebten ihren Platz. Sie kannten weder Langeweile noch Mangel, denn sie lebten in einem erfüllten Zustand puren Seins.

»Wir fühlen uns sehr wohl, wir wiegen uns im Wind«, hörte ich sie sprechen. »Der Wind ist wie ein Vater, der uns behütet, und die Sonne wie eine Mutter, die uns nährt und versorgt. Wir gehen in dem auf, was wir sind. Wir sind zufrieden und glücklich. Es fehlt uns an nichts und wir lieben es, unser inneres Leuchten über die Farben unserer Blüten nach außen zu strahlen. Wir freuen uns, wenn du dich an uns erfreust.

Die Sonne nährt uns. Die Erde nährt uns. Wir haben genügend Wasser und nehmen Nährstoffe und Licht über unsere Blätter und Wurzeln auf. Alles durchströmt uns und hält unsere Pflanzenkörper am Leben. Wir haben einander und wir preisen das Sonnenlicht. Wir streben dem Sonnenlicht entgegen und öffnen unsere Blüten, um es zu empfangen. Dies ist unsere größte Freude und Erfüllung.«

Meine Wahrnehmungen wurden immer intensiver. Wie mit einem inneren Röntgenblick konnte ich die Umrisse ihrer Wurzeln in der Erde wahrnehmen und erkennen, wie durch sie winzige Lichtpartikel in die Stängel und Blätter flossen. Die Blätter und Blüten waren von feinsten Adern durchzogen, die sich hell leuchtend zeigten.

Die Sonne schien einladend über ihren Köpfen und eine lebendige Farbigkeit durchdrang die ganze Szene. Noch nie zuvor hatte ich innere Bilder erlebt.

Ich war zutiefst ergriffen und konnte die Hingabe fühlen, in der sie lebten. Ein rundherum erfüllter Seinszustand. Mir stiegen Tränen tiefster Berührung in die Augen und ich war vollkommen überwältigt. Das hatte ich wirklich nicht erwartet! Nicht nur, dass ich ihre Antwort verstehen konnte, ich fühlte auch ihre Gefühle. Ich bekam bildhafte Eindrücke, selbst wenn sie zunächst etwas nebulös erschienen. Ich fühlte mich beseelt und erfüllt von dem Kontakt.

Erst jetzt bemerkte ich, dass die Verbindung noch etwas anstrengend war und ich mich nicht mehr darin halten konnte. Es war, als höbe man ein Gewicht und bräuchte nach einer Weile eine Pause. Mein innerer Kanal war noch untrainiert. Ich dankte den süßen Pflänzchen und verabschiedete mich liebevoll. Während der Kommunikation hatte ich mich wohl ein kleines Stückchen von meinem Körper gelöst, denn mein Bewusstsein sank nun deutlich in den Körper zurück und ich genoss den

Nachklang meiner ersten gelungenen Kommunikation in den frühabendlichen Sonnenstrahlen.

Sei dir versichert, dass ich die Pflanzen und die gesamte Natur von da an mit völlig anderen Augen sah!

Es brauchte einige Tage, bis ich die Erfahrung verarbeitet hatte, derart ergriffen war ich. Mein Herz war so weit. In den folgenden Tagen traf ich mich zwei Mal mit Freunden in einem Café und beide Male standen dort Schnittblumen in der Vase.

Allein bei ihrem Anblick liefen mir sofort die Tränen und ich erinnerte mich an unser besonderes Gespräch. Meine Freunde fragten mich besorgt, ob denn alles in Ordnung sei, und konnten gar nicht verstehen, dass mich der Anblick von Schnittblumen derartig aus der Fassung brachte. Ich erzählte ihnen die Geschichte und wir dachten zuerst, es läge daran, dass die Pflanzen abgeschnitten waren. Doch das war gar nicht das Problem. Wenn sie mit Achtung und Dankbarkeit und nicht übermäßig geschnitten würden, wäre es kein Problem, erklärten sie mir später. Sie würden uns gerne ihre Blüten schenken, um unsere Herzen zu erfreuen und die Liebe der Erde zu übermitteln.

Meine Tränen waren ein Ausdruck tiefster Berührung und der Öffnung einer neuen Herzensfacette. Glücklicherweise legte es sich nach ein paar Tagen wieder und der neue Zugang integrierte sich sanft. Mir wurde erst viel später klar, dass mich der Bambus in die nötige innere Stille gebracht hatte, um überhaupt kommunizieren zu können. Seine schweigsame Ausstrahlung hatte mich entspannt und geerdet und das war eine ganz wichtige Voraussetzung, um meine Medialität erleben zu können. Diese erste Erfahrung wurde perfekt für mich organisiert und ich bin bis heute von Achtung und Dankbarkeit darüber erfüllt.

Ich hatte medial mit Pflanzen kommuniziert, ich hatte gechannelt, wenn man es denn so nennen wollte. Ich war überwältigt und vollkommen beseelt. Es fühlte sich an, als sei ein uralter

Wunsch in Erfüllung gegangen. Tief in mir hatte ich schon immer geahnt, dass geistige Kommunikation funktionierte, und nun hatte ich die Bestätigung erhalten. Ich wollte mehr darüber erfahren und vor allem wollte ich *channeln*. Wenn man mit Pflanzen kommunizieren konnte, dann müsste es auch mit Tieren funktionieren, wob ich den Faden weiter. Und wenn es mit Tieren funktionierte, dann auch mit Engeln und dann auch mit der göttlichen Quelle. Mit Allem Was Ist.

 Alles spricht.
Alles kann verstanden werden.
Grenzenlose Kommunikation.

Es war kein Übersetzer nötig, denn ich empfing alles automatisch in meiner Muttersprache. Austausch ohne Grenzen. Unendliche Welten öffneten sich schlagartig für mich.

Was für eine Erkenntnis!

Wie baut man einen Kontakt zur Geistigen Welt auf?

Ein Geheimnis des Kontaktes zur Geistigen Welt liegt im sogenannten »Einstimmen« oder »sich verbinden«. Hierzu richtet man sein Herzensgefühl und seine Wahrnehmung ganz auf den Gesprächspartner, wie beispielsweise einen Engel, ein Tier oder eine Pflanze aus. Im ersten Schritt ist es notwendig, in einen leichten Trancezustand zu gehen, denn dort verändert sich unsere Gehirnfrequenz vom normalen Beta-Zustand des Wachbewusstseins in den tieferen Alpha-Zustand.

Auch Kombinationen von Theta- und Deltawellen kommen später hinzu. Erst auf diesen Frequenzen werden mediale Wahrnehmungen überhaupt möglich. Sie sind durch leichte Entspannung und eine meditative innere Einkehr erreichbar. Je weiter unsere Bewusstseinsöffnung fortschreitet und Erleuchtungserlebnisse offenbart, desto mehr reicht die Gehirnwellenfrequenz dann bis in den Gamma-Bereich hinein.

Wenn du eine monotone Tätigkeit ausführst oder eine längere Strecke mit dem Auto fährst, kannst du unbeabsichtigt auch in eine solche leichte Trance geraten.

Wenn du dich dann wie kurz vor dem Einschlafen fühlst, ist die Trance allerdings für das Channeln schon viel zu tief und für das Autofahren nicht gut. Deine Aufmerksamkeit in den Körper sinken zu lassen und deine innere Stille wahrzunehmen, führt dich bereits in eine leichte Trance.

Der Schlüssel zur Medialität liegt in unseren Gefühlen, im Hineinspüren. Wir können uns nicht hineindenken, sondern nur hinein fühlen. In unserer westlichen Gesellschaft wurden wir jedoch sehr in den Verstand hinein erzogen und dürfen hier umlernen. Es ist überaus wichtig, unsere Herzensebene und unser Bauchgefühl wieder in das alltägliche Leben einzubeziehen, denn nur hierüber können wir die Wahrheit als ein stimmiges Gefühl wahrnehmen. An beiden Punkten ist unsere Seele energetisch mit dem Körper verbunden. Über die Herzens- und Bauchstimme nehmen wir Führungsimpulse unserer Göttlichkeit wahr und sie ist unsere verlässlichste Lebensnavigation. Von unserer nachdenkenden Verstandesebene aus ist hingegen kein Channeling und auch kein Heilwirken möglich, denn sie berührt mit ihrer Frequenz nicht die Geistige Welt.

Für einen medialen Kontakt zur Geistigen Welt benötigen wir:
1. Einen leichten Trancezustand
2. Gedankenstille
3. Herzensöffnung & Einstimmung

∾ *Leichter Trancezustand*

Du kannst einen leichten Trancezustand erreichen, indem du deine Aufmerksamkeit sanft in deinen Körper lenkst. Spüre in deine Arme, Beine und in deinen Bauch- und Beckenbereich hinein. Dadurch lässt du das reine Denken los und sinkst in dein Gefühl. Erst hier öffnen sich die Tore deiner medialen Wahrnehmung.

∾ *Gedankenstille*

Es ist wichtig, unseren Verstand zur Ruhe kommen zu lassen, damit sich keine Gedankenfluten einmischen. Dazu stellst du am besten alle Gedanken und negativen Emotionen hinter dich oder lässt sie auf einer kleinen Wolke davonschweben.

Wenn wir uns in einem regen Gedankenchaos befinden, so sind wir nicht richtig im Leben präsent und die Verstandesebene hat hier das Steuer übernommen. Wir laufen unruhig umher und auf dieser Frequenz scheint nichts richtig zu funktionieren. Kennst du das? Wenn du es besonders eilig hast, entsteht der größte Stau oder die längste Schlange im Laden.

Das Trainieren des Channelns führt dich nach einer Weile unwillkürlich in eine Gedankenstille. Mir geht seitdem kein unaufhaltsames Durcheinander mehr durch den Kopf, wie es zuvor ständig der Fall war. Ich kann denken, wann ich möchte, und für den Rest der Zeit herrscht eine angenehme Stille, so dass ich ständig mit meinem Glücksgefühl verbunden sein kann. Hier vermag mich meine göttliche Führung zu erreichen und mein Leben kann harmonisch fließen.

∾ *Herzensöffnung & Einstimmung*

Du erreichst bereits eine leicht erhöhte Energie, wenn du in dein Herzchakra in der Mitte der Brust hineinspürst. In ihm schwingen sanfte Liebe und Freude. Im physischen Herzen befindet sich in der fünften Herzkammer ein energetisches Abbild unseres göttlichen Selbst. Es ist mit dem Herzchakra verbunden und wir können es unseren göttlichen Kern oder Funken nennen. Lege deine Hand auf dein Herzchakra und schreibe in deiner Vorstellung mit großen goldenen Buchstaben »Ich liebe mich« hinein. Der Satz erzeugt ein Gefühl sanfter Herzensliebe. Probiere es direkt aus und fühle. Schon bist du mit deinem Herzensgefühl verbunden!

Deine Herzensöffnung kannst du weiterhin durch angenehme Klänge, Visualisierung der Farben Rosa und Grün im Herzchakra, Rosenduft und Dankbarkeit unterstützen. Stelle dir öfter vor, dein Herz sei eine wunderschöne Blüte, die sich öffnet, und spüre hinein. Lasse dein Herz erblühen!

Die Identifikation mit unseren unverheilten Verletzungen hält uns dagegen in niedrigen Energien, negativen Emotionen und Begrenzungen. Du solltest mit deinem Fokus dort nicht anhaften, sondern ihn immer wieder in positive Gefühle hineinlenken. Alle positiven Gefühle erhöhen übrigens deine Schwingung. Unterstütze sie mit dem Blick auf die Schönheit der Natur, Dankbarkeit und positiven Erfahrungen. Zudem kannst du dir einen Ressourcenpool aus guten Gefühlen anlegen, dazu kommen wir später noch.

Beginne ein Channeling oder eine mediale Kommunikation stets mit einem Herzensgefühl. Wenn du Lichtwesen wie etwa Engel, Aufgestiegene Meister oder Naturwesen als Kommunikationspartner begrüßt, werden sie immer eine Verbindung zu deinem Herzen aufbauen. Lasse auch du Liebe in ihre Richtung fließen und erfasse ihre Ausstrahlung über dein Gefühl. Dadurch stimmst du dich auf sie ein.

Wenn du gerne channeln lernen möchtest, so kannst du davon ausgehen, dass du auch bereit dazu bist und es dir gelingen wird. Deine Seele hat dich dorthin geführt und sie wird dir helfen, deinen Herzenswunsch zu erfüllen.

2

Ein erstes Channeling

»Fühle in dein Herz. Spüre die Liebe.
Bleibe dort.«

Übung: Channeling mit deiner Seele

Nun möchte ich dich gerne schrittweise durch ein Channeling mit
deiner Seele führen. Halte bitte etwas zum Schreiben bereit.

1. Schritt: Eine leichte Trance erreichen

Während du liest, richte bitte gleichzeitig deine Aufmerksamkeit
in deinen Körper hinein – und ja, das geht. Lasse sie in deinen
Körper sinken und fühle dich hinein. Spüre die Unterlage, auf
der du gerade sitzt oder liegst.

Wie fühlt sich der Kontakt an?

Dadurch verlässt du die Verstandesebene und tauchst in dein Gefühl ein. Du kannst nicht gleichzeitig im Verstand *und* im Gefühl sein. Lasse deine Aufmerksamkeit in deinen Bauch-Beckenbereich sinken. Dort öffnet sich deine innere Seelenlandschaft und lädt dich an einen Wohlfühlort ein. Nimm wahr, welche Landschaft sich dir spontan zeigt. Vielleicht gelangst du an einen wunderschönen See, auf eine Wiese, in einen Wald oder lehnst dich an eine warme Sanddüne an. Wenn das nicht klappt, dann stelle dir einfach eine Wohlfühllandschaft vor.

Komme dort an, lasse dich nieder und fühle den Boden mit deinen inneren Händen. Du fühlst dich sicher und geborgen, dies sind die Gefühle deiner inneren Mitte. Spüre, wie es ruhiger und stiller in dir wird. Du tauchst in eine leichte Trance ein. Die festen Konturen deiner Umgebung erscheinen weicher. Nimm wahr, wie sich dieser Zustand für dich anfühlt.

2. Schritt: Gedankenstille
Stelle alle Gedanken und negativen Emotionen bildlich hinter dich oder setze sie auf eine Wolke und lasse sie davonschweben.

3. Schritt: Dein Herzchakra öffnen
Atme Liebe von vorne durch dein Herzchakra ein und lasse dich von ihr erfüllen. Reine Liebe existiert in jedem Wesen, Raum und Ding. Alles ist über die Essenz der Liebe verbunden. Schreibe mit goldenen Buchstaben »Ich liebe mich« in dein Herz und lasse den Satz in dir schwingen.

Er erzeugt ein sanftes Gefühl von Liebe. Es ist ein ganz zartes, sanftes Herzensgefühl. Fühle es.

Pause

Stelle dir vor, dass deinem Herzen Flügel wachsen und sie sich mit jedem Atemzug bewegen. Spüre die sanfte Liebe und Freude und dehne sie aus auf deinen ganzen Körper.

4. Schritt: Channeling mit deiner Seele

Bitte deine Seele nun, sich innerlich vor dich zu stellen. Auf diese Weise wirst du sie wahrscheinlich am besten wahrnehmen können. Nimm ihre Ausstrahlung wahr.

Vielleicht zeigt sich dir deine Seele als Lichtgestalt oder Engel. Sie wird dir in der Form erscheinen, die du am besten annehmen kannst. Wenn du keine Wahrnehmung bekommst, so stelle dir einfach vor, dass sich deine Seele als ein wundervoller Lichtengel vor dich stellt.

Dies ist für einen guten Start vollkommen in Ordnung. Reiche deiner Seele innerlich die Hände und begrüße sie. Sende ihr Liebe aus deinem Herzen. Fühle ihre Ausstrahlung.

Wie sieht sie für dich aus?

Wie fühlt sie sich an?

Pause

Berühre deine Seele mit deinen inneren Händen, das intensiviert den Kontakt.

Pause

Bitte sie nun um eine Botschaft und lasse die Worte in deine Gedanken fließen. Es werden wahrscheinlich zunächst ganz einfache Worte kommen, um dich nicht zu überfordern. Du kannst mit deiner Seele sprechen wie mit einem guten Freund. Empfange eine erste Botschaft und du kannst sie gerne aufschreiben.

Pause

Bedanke dich für alles, was geflossen ist.

Bitte deine Seele, dir zum Abschluss ein Geschenk zu überreichen, das jetzt richtig für dich ist, und lasse es dir in deine inneren Hände legen. Sieh es dir an. Ist es ein symbolischer Gegenstand oder eine Qualität? Was ist es?

Pause

Frage deine Seele, was das Geschenk beinhaltet. Wozu dient es dir? Lasse die Antwort in deine Gedanken fließen.

Dann lege dein Geschenk in dein Herzchakra. Darüber kann es sich am besten integrieren, so dass du seine Qualitäten nutzen kannst. Vielleicht hast du Vertrauen geschenkt bekommen, Freiheit, Wissen oder etwas anderes.

Bedanke dich bei deiner Seele.

Herzlichen Glückwunsch, deine ersten Botschaften und Wahrnehmungen sind nun geflossen!

Vielleicht hast du einige wenige Stichworte oder auch schon längere Sätze empfangen. Freue dich über dein erstes Erlebnis. Selbst die feinsten Empfindungen und Regungen sind ein erster Erfolg. Erwarte bitte nicht zu viel, denn mit Enttäuschung zerstörst du das zarte Pflänzchen deiner aufkeimenden Medialiät wieder. Nähre es mit Freude, damit es wachsen kann.

Mediale Wahrnehmungen sind im Gegensatz zu unseren gewohnten Empfindungen sehr viel feiner, so dass wir sie schnell übersehen. Also keine Sorge, dein Herzensgefühl wird dich nicht vom Stuhl hauen, sondern es wird dermaßen zart und fein sein, dass du es möglicherweise anfangs sogar überspürst, weil du nach etwas Eindrucksvollerem Ausschau hältst.

Wenn du nichts empfangen oder gefühlt hast, sei bitte nicht traurig. Probiere es einfach erneut. Vielleicht warst du zu angespannt, konntest eine Erwartungshaltung nicht richtig loslassen oder brauchst einfach mehr Übung. Jeder Mensch darf sich hier gleich wertvoll und begabt fühlen und es liegt mir sehr am Herzen, dies zu vermitteln. Menschen, die solche Zugänge noch nie erlebt haben, wissen einfach nicht, wie sie sich anfühlen. Manchmal können wir diese Zugänge selbst wieder öffnen und manchmal brauchen wir die Unterstützung einer fachkundigen Person, die sie bereits integriert hat.

Wenige Wochen nach meiner ersten Kommunikation mit den Stiefmütterchen wurde mein innerer Kanal in einem abendlichen

Lichterlebnis seitens der Geistigen Welt geöffnet und mit der Engelebene und der göttlichen Quellebene rückverbunden. Die Zugänge zu den Aufgestiegenen Meistern und Tieren jedoch konnte ich zunächst auch nicht aus eigener Kraft öffnen und vertraute mich der Unterstützung irdischer Lehrer an, die diese Zugänge bereits verwirklicht hatten und mich hineinführen konnten. Ich machte eine Ausbildung in Tierkommunikation und wenig später auch eine Channeling-Ausbildung. Mit Verstorbenen konnte ich nach einem Nahtoderlebnis in meiner Kindheit zunächst viele Jahre über Klarträume kommunizieren und sie später dann ganz leicht und ohne weitere Hilfe channeln.

Solltest du also diesmal noch keinen oder nur einen sehr leichten Zugang erlangt haben, gräme dich nicht. Die liebevollen Energien dieses Buches, die lebendigen Geschichten und Übungen darin möchten dir helfen, ein Gefühl für die Geistige Welt zu entwickeln und dich für sie zu öffnen. Und wir befinden uns ja noch ganz am Anfang des Buchs. Vielleicht klappt es an einer anderen Stelle ja schon viel besser.

Mehr über meinen Weg

Meine Kanalöffnung seitens der Geistigen Welt war für mich ein ganz besonderes Erlebnis, das ich nie vergessen werde. Glücklicherweise war ich nicht allein und ein guter Freund, der schon deutlich mehr Erfahrung hatte, stand mir bei.

Wir saßen eines Abends auf dem Sofa in meiner Wohnung, als sich die Atmosphäre plötzlich auffallend veränderte. Irgendetwas erfüllte den Raum mit unglaublicher Liebe.

Wir wurden aufmerksam und beschlossen, uns näher darauf einzustimmen. Dabei erschien es mir, als würde es um mich herum zunehmend heller und als hätte auch in mir jemand ein

Licht eingeschaltet. In meinem Kopf war es trotz geschlossener Augen sonnenhell.

Ich fragte meinen Freund, ob er wüsste, was hier geschah. Er antwortete: »Das fühlt sich wie ein Engel an.« Bis zu jenem Zeitpunkt hatte ich noch keine Engelkontakte erlebt, doch jetzt lernte ich nicht nur ihre Schwingung kennen, sondern erlebte auch noch das unglaubliche Geschenk einer Spontanöffnung. Ich saß völlig regungslos auf dem Sofa und konnte gar nicht fassen, was geschah.

Meine Aufmerksamkeit wurde nach oben aus meinem Kopf herausgezogen. Ich blickte innerlich »hinauf« und sah helles goldenes Licht.

Wellen bedingungsloser Liebe durchströmten mich und hoben meine Energien an. Ich wurde mit den liebenden Sphären der Engelebene und der göttlichen Quelle rückverbunden, so dass ich sie wieder fühlen und wahrnehmen konnte. Ich empfing eine Spontanöffnung höherer Bewusstseinsebenen.

In dieser Schwingung spürte ich den Engel, der mir dieses Wunder überbrachte, hautnah. Für einen Augenblick schwebte ich direkt neben ihm – einem riesigen goldenen Engel, der in allen Facetten von Gold, Blau, Rot, Violett, Grün und vielen weiteren Farben erstrahlte. Ich sah mich aus unzähligen Lichtpartikeln bestehen, die sich weit ausdehnten.

Durch sein Herz strömte das Licht der Quelle und nahm mich in die Einheit auf. Jahrelang hatte ich nach Wahrnehmungen gesucht und jetzt plötzlich konnte ich das Licht eines Engels und sogar der Quelle schauen. Die Zeit stand still. Es war ein heiliger Moment für mich. Ich badete in wunderschönen Gefühlen und im Licht der Quelle. Ich war von dieser wundersamen Begegnung beseelt und ging wie auf Wolken. Es brauchte einige Zeit, bis mir klar wurde, was dort wirklich geschehen war, und auch, dass es Metatron gewesen war, der mir dort half.

Nach diesem Erlebnis wurde ich so neugierig auf Engel, dass ich mich intensiv mit ihnen zu beschäftigen begann. Von da an flossen erste längere Botschaften und ich hatte bald das Gefühl, eine Ausbildung besuchen zu wollen, um meine Erfahrungen zu erweitern und mehr Know-how zu bekommen. Ich suchte nach Bestätigung, Sicherheit und der angenehmen Unterstützung eines Lehrers. Ich wurde fündig und besuchte zunächst eine Ausbildung in Tierkommunikation und ein Jahr danach eine Channeling- und auch eine Heiler-Ausbildung. Die irdischen Schulungen bereiteten mir eine hervorragende Grundlage, auf der ich mich dann selbständig weiterentwickeln und die Geistige Welt erforschen konnte. Ich konnte das Channeling nun sehr umfangreich nutzen, um mich von der Geistigen Welt unterrichten zu lassen. Mit jedem Schritt gab es Neues zu entdecken und ich lernte täglich dazu. Meine Entwicklung beschleunigte sich.

Channeling offenbart Welten, die weit jenseits unserer Vorstellungskraft liegen. Auf dieser Ebene gibt es keine Lügen oder Täuschungen. Die wahren Zusammenhänge des Lebens können deutlich erkannt werden. Die Geschichten der Seelen sind zutiefst berührend und herzöffnend. Es ist eine riesige Chance, die Welt ganz neu kennenzulernen.

Mein Herz war bereits im ersten Kontakt mit den Pflanzen entflammt und sehr schnell spürte ich den innigen Wunsch, das Channeling zu unterrichten. Doch bis dahin lag noch viel innere Arbeit vor mir, denn natürlich habe ich auch die Stolpersteinchen kennengelernt und sämtliche Selbstzweifel erlebt. Dies gehört dazu, denn sonst würden wir nicht alle Seiten der Erfahrung kennenlernen und unsere Weisheit wäre nicht vollständig. Zur Entwicklung eines Channelers wie auch eines Heilers gehört eine fortlaufende Eigenklärung, damit wir nicht stehen bleiben, sondern immer weitreichendere Bereiche der geistigen Dimensionen begreifen und erfahren können.

Die nächsten Jahre verbrachte ich erst einmal damit, die Dimensionen zu erforschen und meine frühesten Verletzungen zu heilen. Dieser Entwicklungsabschnitt dauerte sechs Jahre, bis ich mich bereit fühlte, andere Menschen mit solch wundervollen Zugängen zu verbinden. Das ist immer ein großartiger Moment und ich liebe ihn aus tiefstem Herzen.

Ich freue mich, wenn du mit diesem Buch erste Schritte in eine neue Richtung gehen kannst und sich bislang unbekannte Türen für dich öffnen.

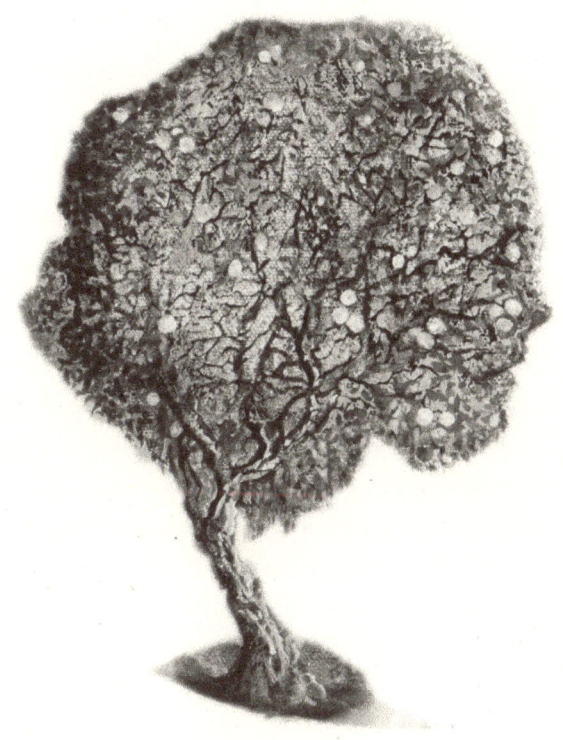

3

Die Wahrheit über Wahrnehmungen

Mediales Hören und Sehen: Was Wahrnehmungen wirklich sind

In meinen Ausbildungen und Seminaren liegt es mir stets sehr am Herzen, die Teilnehmer über mediale Wahrnehmungen aufzuklären, denn viele Menschen meinen nichts aus der Geistigen Welt »hören« oder »sehen« zu können. Auch ich selbst bin diesem fatalen Irrtum über Wahrnehmungen aufgesessen, der meine medialen Fähigkeiten jahrelang blockierte.

Bereits vor meinen ersten Channeling-Erfahrungen hatte ich spirituelle Bücher gelesen. Die Autoren schrieben immer, dass sie die Geistige Welt sehen oder hören könnten, und ich erhielt den Eindruck, dass sie die Engel und Helfer der Geistigen Welt tatsächlich mit ihren physischen Sinnen sahen und auch laut hörten. Ich dachte sofort, dass so etwas ohne besondere Begabung wohl vollkommen unmöglich wäre und mir wahrscheinlich auch nie geschehen würde. Ich hielt tatsächlich eine ganze Weile Ausschau, ob ich einen Engel physisch sehen oder hören könnte. Natürlich ohne Erfolg. Irgendwann stellte ich den Versuch ein und hoffte, zumindest vor meinem Stirnchakra, dem Dritten Auge, endlich etwas »sehen« zu können, wie ich es in einem weiteren Buch gelesen hatte. Ich bemühte mich, farbige Bilder vor meiner Stirn zu erkennen, doch auch das funktionierte nicht. Vor meinen geschlossenen Augen blieb einfach alles dunkel. Lediglich das Sonnenlicht erzeugte farbige Punkte, aber das ist ja eher ein körperliches Phänomen.

Es zog mich damals auf spirituelle Messen und auch zu einem Chakra-Seminar. Dort machten wir eine Meditation und sollten über eine imaginäre Treppe in einen Amethyst-Kristall hineingehen, der auf dem Tisch stand. In der Austauschrunde berichteten die Teilnehmer, was sie alles »gesehen« hatten. Bunte Farben, verzierte Tore, Landschaften, Bücher mit Wissen und auch Treppen in dem Kristall. Sie trafen dort sogar auf das Wesen des Kristalls. Ich war total enttäuscht!

Wie immer hatte ich gar nichts gesehen, dabei hatte ich es doch so sehr versucht. Ich stellte mir krampfhaft eine Treppe vor, statt die ersten nebulösen Eindrücke einfach zu mir kommen zu lassen. Ich hatte glasklare, farbige Bilder erwartet und ging davon aus, dass die anderen Teilnehmer innerlich Farbbilder und ganze Kinofilme sahen, denn sonst könnten sie ja wohl kaum diese Details berichten. Ich war am Boden zerstört. Nur bei mir war alles schwarz. Keine Farben, keine Formen. Das würde ich ganz sicher niemals können, dachte ich damals. Ich habe lange Zeit geübt, mich immer wieder hingesetzt und versucht, irgendetwas wahrzunehmen. Fast hätte ich mir das Hirn dabei verknotet, so sehr strengte ich mich an. Alles blieb erfolglos, denn ich fixierte mich auf den völlig falschen Punkt, was ich aber damals noch nicht wusste.

Das Thema hatte meine Neugier geweckt. Ich besuchte weitere Messen und fragte die Leute an den Ständen nun ganz direkt. Wie seht ihr die Geistige Welt? Hört ihr tatsächlich Engel oder Elfen laut sprechen? Nachdem ich zunächst ein Ja als Antwort erhielt, kam allerdings bei weiterem Nachbohren heraus, dass es statt Sehen doch eher innere Ahnungen, nebulöse Bilder, ein Fühlen, verbunden mit spontanem Wissen, und statt lautem Hören ein sanfter Gedankenfluss war. Das zeichnete doch gleich ein ganz anderes Bild!

Ich hatte so lange Zeit eine völlig falsche Vorstellung gehabt! Ich hatte farbige Bilder erwartet, als ob man in einen inneren Fernseher schauen würde. Ich hatte laute Worte in meinen Ohren erwartet und dadurch meine Wahrnehmungen völlig übersehen und blockiert. Schon der angestrengte Versuch schnitt mich von ihnen ab. Jetzt wurde es mir endlich klar. Zwar bekomme ich immer mal wieder Sichtungen über meine physischen Augen von anderen Dimensionen geschenkt, doch konnte ich diese Wahrnehmungen nicht willentlich steuern. Sie kamen und gingen, wie es ihnen beliebte. Laut meinen geistigen Lehrern dienen sie mir lediglich als Bestätigung und damit ich die Dinge besser unterrichten kann.

Erst als mir klar wurde, dass solche tatsächlichen Sichtungen eher zu den Ausnahmeerscheinungen gehören und in einer derartigen Intensität gar nicht nötig sind, wurde ich mit medialen Wahrnehmungen beschenkt, die ich nun auch bewusst herbeiführen konnte. Deshalb möchte ich dir jetzt gerne einen Eindruck deines inneren Sehens vermitteln.

Bitte denke an einen Apfel.

Irgendwo taucht nun ein Apfel auf. Vielleicht befindet er sich in deinem Hinterkopf, vielleicht vor dir, seitlich neben dir oder möglicherweise kannst du auch gar keinen Ort benennen. Doch irgendwo ist der Apfel.

Spüre nun genauer hin und frage dich, welche Farbe er wohl hat. Lasse die Assoziationen einfach entstehen. Frage dich nicht, ob sie richtig oder falsch sein könnten oder ob du gerade einen real existierenden Apfel wahrnimmst.

Das spielt für diese Übung keine Rolle. Dieser Apfel ist kein inneres Fernsehbild, dennoch ist er irgendwie da. Vielleicht hast du die spontane Idee, dass er rot oder auch grün sein könnte. Es ist eher das vage Erahnen eines Apfels. Vielleicht ereilt dich ein spontanes Wissen, dass er gelb ist.

Auf diese Weise werden innere Bilder erlebt. Sie können zunächst ganz vage, schemenhafte Ahnungen sein, die man gar nicht als Bilder definieren würde. Sie tauchen blitzartig als erste Eindrücke auf und man darf lernen, ihnen zu vertrauen. Mit etwas Übung werden diese flüchtigen Wahrnehmungen dann immer detaillierter. Es schwingt ein Gefühl mit, dass sie stimmig sind. Sie kommen ganz von allein, wenn du dich auf etwas einstimmst, und laufen eigendynamisch weiter. Eine lebendige Imagination entsteht.

Du wirst dir immer sicherer werden, selbst wenn sich kein farbiges Bild wie im Fernsehen einstellt. Das muss es auch nicht. Man spürt, dass eine Wahrnehmung stimmig ist, und mit der Zeit wird sie klarer und detaillierter.

Hättest du es dir so vorgestellt? Mit diesem Wissen kannst du dich nun entspannen, denn das ist die beste und wichtigste Voraussetzung für tatsächliche Wahrnehmungen. Man darf lernen, Vertrauen zu ihnen aufzubauen. Mir haben viele Ereignisse, Freunde und Teilnehmer bestätigt, dass meine Wahrnehmungen sehr richtig sind und genau den Punkt treffen.

Irgendwann wurde mir auch klar, warum die Menschen sagten oder schrieben, dass sie etwas aus der Geistigen Welt »sehen« oder »hören« würden. Es ist schlicht sehr viel einfacher als zu erklären: Oh ja, ich erahne … erkenne … es ist ein Gefühl … verbunden mit dem spontanen Wissen, dass nun ein Engel in den Raum kommt … und ich weiß … sein Gewand ist blau …

Sichtungen der Geistigen Welt

Meine Sichtungen kommen stets spontan und unerwartet. Meine geistigen Lehrer haben mir immer wieder versichert, dass es besser sei, wenn ich die anderen Dimensionen nicht ständig hören und sehen könne.

Stell dir vor, du stehst in deinem Wohnzimmer, die Wände werden plötzlich durchsichtig und du blickst in den Talkessel einer amerikanischen Prärielandschaft, durch die mehrere Indianerstämme mit ihren Pferden ziehen. Während es in deinem Wohnzimmer taghell ist, brennen dort jetzt gleichzeitig Lagerfeuer im Dämmerlicht der Berge. Die Stämme versammeln sich zu einem Treffen und du siehst es durch deine Augen, als ob du in deinen Garten blicken würdest.

Oder du erwachst nachts aus dem Schlaf, deine Schlafzimmerwand ist plötzlich weg und du blickst in eine taghelle, idyllische Gegend mit einem Landhaus. Du wunderst dich, warum ein Bienenkorb neben deinem Bett steht, und die umherfliegenden Bienen erscheinen so real, dass du die Hände schützend vor dein Gesicht hältst und versuchst, sie zu verscheuchen. Dabei stellst du fest, dass sie einfach durch dich hindurchfliegen, denn sie gehören zu einer ganz anderen Dimension. Mir ist das passiert und es war enorm beeindruckend, doch ich wünsche mir das in dieser Intensität wirklich nicht als dauerhaften Zustand.

Könntest du die anderen Welten ständig wahrnehmen, wärst du so sehr abgelenkt, dass du dich wahrscheinlich kaum noch mit deinem Leben befassen würdest.

Deine Seele ist aber zur Erde gekommen, um eine Erfahrung als Mensch zu machen, und es ist nicht ihr Ziel, dies durch solche extremen Wahrnehmungen zu gefährden. Deshalb ist unser Fokus vorwiegend auf das Erdenprogramm ausgerichtet.

Jedoch wurde er durch das Trennungsbewusstsein auf die ausschließliche Wahrnehmung der Materie reduziert.

Inzwischen erwacht unser Bewusstsein aus der vermeintlichen Trennung und mediale Wahrnehmungen dürfen endlich wieder ein natürlicher Teil unseres Lebens sein.

In deiner weiteren Reise mit diesem Buch werden wir versuchen, deinen Fokus sanft weiter zu öffnen und dir alltagstaugliche Wahrnehmungen zu erlauben, die dich nicht ablenken, sondern bereichern und unterstützen.

Arten der medialen Wahrnehmung

☙ Hellsehen

Das Hellsehen ist eine der medialen Wahrnehmungsformen und bedeutet, Dimensionen und Bewohner der Geistigen Welt, die für das physische Auge unsichtbar sind, innerlich bildhaft wahrnehmen zu können. Es wird gerne mit dem Blick in die Zukunft gleichgesetzt, aber das reduziert es sehr. In zukünftige Potenziale eines Menschen blicken zu können ist einfach eine andere Wahrnehmungsform, in der manche Medien sehr geübt sind. Zukünftige Potenziale lassen sich aber nicht nur erschauen, sondern auch hervorragend channeln. Wir sollten dabei jedoch berücksichtigen, dass unsere Zukunft aus verschiedenen Möglichkeiten besteht, die sich mit unserer Entwicklung verändern können.

Auf der Erde reifen wir zu bewussten Schöpfern und lernen unser »Schicksal« selbst zu wandeln. Informationen über die Zukunft werden daher nicht unbedingt immer freigegeben. Die höhere Seelenebene des Menschen entscheidet, welche Details verraten werden, denn wenn eine Information zum falschen Zeitpunkt überbracht wird, könnte sie eine wichtige Erfahrung verhindern. Befinden wir uns in der Herzensausrichtung und channeln zum Höchsten Wohle aller Wesen, so werden wir sicher geführt sein und nur jene Informationen erhalten, die einen Menschen nicht manipulieren, sondern unterstützen.

☙ Hellfühlen

Das Hellfühlen ist die wahrscheinlich häufigste Art der medialen Wahrnehmung. Wenn wir Räume betreten, können wir spontan die Raumatmosphäre erfassen. Wir fühlen uns dort entweder wohl oder unwohl. Auf diese Weise nehmen wir auch Menschen wahr. Wir finden jemanden sympathisch oder unsympathisch. Dies sind Beispiele für eine hellfühlende Wahrnehmung, die du sicherlich schon öfter erlebt hast.

Wenn wir noch empathischer sind, können wir auch die Stimmungen anderer Menschen erfassen, ohne dass sie uns etwas über ihre Gemütslage sagen müssten. Wir spüren dann einfach, ob es jemandem gerade gut oder schlecht geht.

Steht eine Entscheidung an, kann ein stimmiges oder ein unstimmiges Herzensgefühl uns am sichersten den Weg weisen, denn die Bauch- und Herzensgefühle sind die sanfte Stimme unserer Seele, die zu uns spricht. An diesen beiden Punkten liegen energetische Ankerpunkte, über die unsere Seele mit dem Körper verbunden ist. Wenn du gut mit deiner Intuition verbunden bist, kann ich dich nur beglückwünschen, denn dies ist leider nicht selbstverständlich. Es wird dir mediale Wahrnehmungen viel leichter zugänglich machen. Wenn sich etwas im

Bauch und im Herzen stimmig, gut, liebevoll und freudig anfühlt, weist dir deine Seele den richtigen Weg.

∾ *Hellhören*

Das Hellhören ist ein sanfter Gedankenstrom, über den Informationen aus anderen Dimensionen zu dir fließen. Auf diese
Weise können Worte von Engeln, Aufgestiegenen Meistern, der
göttlichen Quelle, Tieren, Pflanzen, Naturwesen, Seelen von
Verstorbenen, Sternengeschöpfen oder anderen Wesen von dir
wahrgenommen werden.

Beim Channeln wie auch bei der medialen Kommunikation
wird der Sinn des Hellhörens aktiviert und trainiert. Es ist kein
lautes Hören, sondern ein zügig fließender Gedankenstrom, der
harmonische Sätze hervorbringt.

Manchmal kann man auch plötzlich Gedanken anderer
Menschen wahrnehmen. Vielleicht ist dir in der Stadt oder bei
anderen Menschenansammlungen schon mal aufgefallen, dass
du auf einmal Gedanken hattest, die eigentlich gar nicht zu dir
passen. Wir nehmen oft unbewusst die Gedanken und Gefühle
anderer Menschen auf, und sie fühlen sich dann wie die eigenen an. Achte einmal darauf, wenn du dich unter anderen
Menschen bewegst. Wenn du dich beispielsweise mit einem
Arbeitsteam triffst, dich zuvor gut, selbstbewusst und stimmig
mit deinem Projekt gefühlt hast und nun bemerkst, dass du
ganz plötzlich unsicher wirst und Zweifel bekommst, so liegt
der Verdacht nahe, dass du hier nicht deine eigenen Gedanken
und Gefühle wahrnimmst.

Die meisten Menschen sind sich dessen nicht bewusst und
schenken solchen Vorfällen keine nähere Aufmerksamkeit. Sie
halten es vielleicht für eine schlechte Phase, die am nächsten Tag
einfach wieder verschwunden ist. Hier dürfen wir viel achtsamer
werden und uns selbst gut kennenlernen, damit wir wissen, was

zu uns selbst und was zu anderen Menschen gehört, denn Fremdenergien belasten unseren Lebensweg.

๛ *Hellwissen*

Spontanes Wissen ist ebenfalls eine mediale Wahrnehmung. Im
Prinzip ist es eine Art Blitzchanneling. Hier braucht es keine Worte
und Sätze mehr, um etwas zu erklären, sondern man weiß über
die Ursache eines Problems und komplexe Zusammenhänge
schlagartig und umfassend Bescheid. Dabei können die Details
zwar verlorengehen, aber es vermittelt einen Gesamteindruck. Die
wichtigen Details lassen sich dann sehr gut nachträglich channeln.
Vielleicht hattest du bereits Erlebnisse, in denen du plötzlich
wusstest, dass dich eine bestimmte Person heute anrufen würde,
oder in denen du über die komplette Lebenssituation eines anderen Menschen schlagartig genau Bescheid wusstest.

๛ *Hellriechen*

Mit den letzten beiden Punkten kommen wir zu den weniger
weit verbreiteten Wahrnehmungsformen.

Beim Hellriechen werden Düfte wahrgenommen oder tatsächlich gerochen, die in der Umgebung keine physische Quelle
haben. In einem geschlossenen Raum riechen wir plötzlich einen
Blütenduft, obwohl keine Blumen oder Duftstoffe vorhanden
sind. Engelpräsenzen werden manchmal von Blütendüften begleitet und die Seelen Verstorbener geben sich gerne mal durch
den Duft eines geliebten Parfums zu erkennen.

๛ *Hellschmecken*

Energien besitzen neben Gerüchen tatsächlich auch unterschiedliche Geschmäcker. Für manche Menschen sind Energien
sehr gut über den Geschmack wahrnehmbar. Hochschwingende
Energien riechen und schmecken sehr angenehm, während die

niedrig schwingenden eher von unangenehmen Gerüchen begleitet sind, die uns gleich auffallen.

Mit Sicherheit hast du mindestens eine und vielleicht auch mehrere der beschriebenen Wahrnehmungen schon einmal erlebt. Bitte gib dir bei der Entfaltung deiner medialen Fähigkeiten genug Zeit und nutze Gelegenheiten zur Übung. Ich vergleiche es immer gerne mit einem Bodybuilder, der völlig untrainiert auch nicht gleich eine Hundert-Kilo-Hantel stemmen kann. Deine Fähigkeiten sind wie untrainierte Muskeln, sie dürfen behutsam erweckt und geduldig trainiert werden.

Es ist ein überaus erfüllender Zustand, wenn wir die Welt wieder mit unseren menschlichen *und* medialen Sinnen wahrnehmen können. Erst in dieser Verbindung offenbart sich die tiefgründige Schönheit der Welten!

Wahrnehmungsübung: Die Blüten deiner Seele

Meine Seele hat mir eine wunderbare Übung zum Kennenlernen und Trainieren der medialen Wahrnehmung gezeigt und ich möchte sie sehr gerne mit dir teilen. Versuche dir dabei nicht krampfhaft etwas vorzustellen, sondern lasse die Bilder spontan von selbst auftauchen. Habe einfach Spaß daran, deine Seele wird dich bestmöglich unterstützen.

Mache es dir jetzt bequem und lasse dich in deine innere Ruhe sinken. Mit jedem Atemzug nimmst du die sanfte Liebe deiner Seele von vorne durch dein Herzchakra auf. Sie erfüllt dich wohlig wie ein kleiner Wasserfall aus Liebe.

Lasse deine Alltagsgedanken los. Du brauchst sie nicht. Setze sie auf eine kleine Wolke und lasse sie davonziehen.

Lade deine Seele ein, sich vor dich zu stellen. Bitte sie, dass sie dein Herzchakra berührt und spüre die liebevolle Berührung. Der Kontakt ist weich und angenehm. Du fühlst Liebe und Geborgenheit. Bitte sie, dir bei der Übung zu helfen.

Lege deine imaginären Hände aneinander und forme sie zu einer Schale. Bitte deine Seele nun, dir ein Samenkorn hinein zu legen. Fühle zu dem Samenkorn hin und nimm es wahr.

Welche Größe hat es? Ist es eher groß, eher klein? Wie ist seine Form? Länglich, rund oder gezackt? Es spielt keine Rolle, ob es ein solches Samenkorn auf der Erde gibt. Wenn du das denkst, mischt sich gerade dein Verstand ein. Stelle ihn liebevoll beiseite und sage ihm: »Lieber Verstand, du hast jetzt gerade Pause. Du darfst dich in einen Liegestuhl legen, leckere Drinks schlürfen und die Ruhe genießen.«

Befühle das Samenkorn mit deinen inneren Händen. Hierdurch verstärkst du den Kontakt. Fühlt sich seine Oberfläche rau oder weich an? Welche Farbe hat es?

Lasse einen Eindruck entstehen. Wenn die inneren Bilder nicht von allein fließen, dann stelle dir das erste Samenkorn einfach vor, um einen Anfang zu finden. Es ist wie ein Startschuss, der den weiteren Fluss anregt.

Pause

Stelle dir nun einen fruchtbaren Boden vor und setze dein Samenkorn dort hinein. Es geht darin auf und erschafft eine Pflanze. Beobachte, wie sie heranwächst. Wie sieht sie aus? Bildet sie nur Blätter aus oder auch eine Blüte? Welche Farbe hat die Blüte? Genieße die Farben und den Duft der Pflanze. Lasse sie auf dich wirken und atme sie durch deinen Körper.

Pause

Nun fügen wir ein Thema hinzu. Bitte deine Seele, dir nun ein Samenkorn zu geben, das deine medialen Fähigkeiten fördert. Nimm es wahr. Lege es in den fruchtbaren Boden und beobachte die Pflanze, die daraus erwächst. Nimm ihre Farben und ihren Duft wahr. Riecht die Pflanze süßlich, frisch oder eher würzig? Du wirst den Duft nicht unbedingt durch deine Nase riechen. Er ist eher eine innere Ahnung, wie sie riechen könnte. Farbe und Duft wirken wie ein homöopathisches Mittel, sie heilen und öffnen dich. Welchen Geschmack hat die Pflanze? Bade in der Farbe, atme den Duft und genieße den Geschmack. Atme die Eindrücke nacheinander durch deinen Körper in alle Zellen hinein. Auf diese Weise können die heilsamen Energien in dir wirken und sich integrieren.

Pause

Bitte die Pflanze nun um eine Botschaft für dich und lasse sie in deine Gedanken fließen.

Pause

Bedanke dich und richte deine Aufmerksamkeit wieder ganz zurück ins Hier und Jetzt.

Mit dieser Übung kannst du deine medialen Sinne spielerisch erproben und erfährst zugleich noch heilsame Unterstützung. Vertraue allen Wahrnehmungen, sie sind echt, denn deine Seele wird dir in jedem Fall helfen.

Wenn du die Übung wiederholst, kannst du um ein Samenkorn bitten, das dir bei Themen wie Familie, Beziehung, Gesundheit und Erfolg hilft. Gib allen Eindrücken freien Raum, vielleicht bietet sich dir die Pflanze in deinem inneren Bild auch als Tee oder duftender Wickel an.

Es ist wichtig, dabei nicht ständig zu zweifeln, denn sonst blockierst du dich. Deine Wahrnehmung ist wie ein zartes Pflänzchen, das mit Vertrauen genährt werden möchte, um erblühen zu können. Durch Zweifel zerstörst du sie immer wieder. Nähre die Erfolge mit Freude, denn sie ist eine manifestierende Kraft. Vertraue deiner Seele und deinen Wahrnehmungen.

Wie mir ein Baum meine Farben zurückbrachte

Ich bin immer wieder fasziniert, was sich an Orten alles eröffnen kann, wenn man sie mit den medialen Sinnen wahrnimmt. Eine wunderschöne Welt jenseits des Sichtbaren lädt uns auf eine Entdeckungsreise ein.

Seit ich einen eigenen Garten habe, unternehme ich immer wieder gerne inspirierende Ausflüge zu einer alten Staudengärtnerei. Dort wird voller Liebe und Hingabe gegärtnert und in den achtsam gestalteten Gartenarealen sind die Naturwesen intensiv spürbar. Sie fühlen sich durch die achtsam gärtnernden Menschen willkommen, werden intensiv spürbar und beides verleiht dem Ort seinen ganz besonderen Charme.

Für mich sind es Ausflüge in die Natur, sie sind Balsam für mein Herz und meine Seele.

Ich möchte die folgende Geschichte gerne mit dir teilen, um dir weitere Möglichkeiten zu zeigen. Jeder Ausflug ist, unter Einbeziehung der medialen Sinne, so viel mehr als einfach nur ein Spaziergang. Ich konnte lange Jahre zwar innere Bilder, aber keine Farben wahrnehmen.

Während spontaner Rückverbindungen zur Quelle und auch während meiner Astralreisen konnte ich Farben ausnahmsweise zwar doch sehen, in meiner normalen Wahrnehmung blieben sie allerdings aus. Auch meine Aura-Wahrnehmung war eher farblos. Ich konnte die Farben channeln, sie aber nicht innerlich sehen oder erahnen.

Eines Tages fuhr ich in die besagte Staudengärtnerei, um ein paar Pflanzen auszusuchen. Zu ihren Arealen gehört ein wunderschöner Schattengarten und dort sollte ich meine Farbwahrnehmung unverhofft zurückerhalten. An jenem Tag zog mich ein innerer Impuls durch das kleine hölzerne Gartentor in den Schattengarten. Unter den ausladenden Zweigen einer uralten

Buche tanzten Licht und Schatten und luden mich ein näher zu kommen. In ihrem Halbschatten ragten hüfthohe kräftige Pflanzenstängel mit riesigen, runden Blättern aus dem Boden hervor. Sie sahen wie übergroße Seerosen an Land aus und verliehen dem Garten eine märchenhafte Gestalt. Die Naturwesen, die dieses Gebiet betreuen, waren deutlich spürbar. Ich verweilte einige Minuten, bis ich spürte, dass es mich zu dem einzig vollsonnigen Plätzchen des Areals zog. Auf dem angenehm wärmenden Sonnenfleck stand ein japanischer Ahorn mit hellgrünem Laub und ich verspürte den Impuls, ihn anzusprechen.

Ich begrüßte ihn liebevoll und fragte ihn, ob er mit mir kommunizieren wollte. Er freute sich sehr und sagte mir, er hätte mich bereits erwartet. Was für eine Überraschung!

Er machte mich auf eines meiner vergangenen Leben aufmerksam und sagte, er wollte mir helfen, meine Farben, die ich einst in Japan verloren hätte, zurück zu bekommen. Ich war freudig erstaunt. Es gibt die erstaunlichsten Möglichkeiten, das eigene Sein zu vervollständigen, und eine davon wurde mir gerade durch den Ahorn dargebracht. Die Bäume laden mich immer wieder ein, ganz besondere Geschenke von ihnen anzunehmen. Sie sind fähig, sich hoch in den Kosmos auszurichten und universelle Gaben zu überbringen. Voller Freude bat ich ihn, mir mehr zu erzählen. *Warum hatte ich denn meine Farben in Japan verloren? Was genau meinte er damit?*

Voller Liebe antwortete er mir, dass ich in einem vergangenen Leben in Japan als Mädchen eine Liebesbeziehung zu einem jungen Mann aus meinem Dorf gehabt hätte. Ich kam aus einer ärmeren Familie als er und wurde aufgrund dessen von seiner Familie nicht akzeptiert. Wir beschlossen uns dagegen aufzulehnen, doch die Streitigkeiten mit seiner Familie uferten derart aus, dass ich mein Heimatdorf verlassen musste. Ich wurde von unseren Familien verstoßen und es riss mir ein großes Loch ins

Herz, meine Heimat mit ihren wundervollen Farben, die ich so sehr liebte, zurücklassen zu müssen.

Der Ahorn übermittelte mir diese Informationen ganz einfühlsam und sandte mir das Bild einer wunderschönen, farbigen Landschaft. Ich konnte die alten Geschehnisse in inneren Bildern sehr gut mitverfolgen. Er erzählte mir, dass die Farben meiner Heimat damals einzigartig für mich waren und mir seit diesem Ereignis in meinem Herzen fehlten. Dann fragte er mich, ob ich sie zurückhaben wollte.

Ja, natürlich – was für eine Frage!

Ich spürte in mein Herz hinein und bat darum, dass diese Teile nun zu mir zurückkehrten. Meine durch den Schmerz abgespaltenen Anteile flossen wieder in mein Herz und ich empfand tiefe Vergebung. Wohlige Gefühle und intensive Farben durchströmten mein Herzchakra. Meine Farbwahrnehmung wurde wieder ein Teil von mir.

Als Erstes erblickte ich damals die golden-roséfarbene Aura des Ahorns, der mir dieses besondere Geschenk überbrachte, und mein Herz floss über vor Dankbarkeit.

Wie passend, dass es ausgerechnet ein japanischer Ahorn war.

4

Geistige Helfer & Göttliche Führung

»Du bist kein Tropfen im Ozean, du bist
ein gesamter Ozean in einem Tropfen.« – *Rumi*

Deine göttliche Führung

Du bist ein Teil der göttlichen Quelle, wurdest aus ihr erschaffen
und besitzt ihre schöpferischen Qualitäten, ihre Liebe und
Glückseligkeit, die in deinen göttlichen Kern oder Funken in
deinem Herzen eingebettet sind. Deine innere Führung kommt
aus deinem göttlichen Quellselbst.

Mit dem Quellselbst meine ich deine höchste Bewusstseinsebene. Dort bist du reines, göttliches Bewusstsein und von Ver-

letzungen aus den verschiedenen Inkarnationen unberührt. Das Quellselbst bleibt stets unverletzt und integriert die positive Essenz der Weisheit aus allen Erfahrungen, es ist dein reinstes göttliches Bewusstsein.

Die Göttliche Quelle und dein Quellselbst sind in der Einheit verbunden und die höchsten Instanzen, die dich führen können. Jeder Mensch hat zudem einen großen Stab von geistigen Begleitern an seiner Seite. Dazu gehören Schutzengel, Geistführer, Lehrer wie auch viele Helfer. Die Helfer lenken Energien hinter den irdischen Kulissen für uns, solange wir noch nicht zum bewussten Schöpfer unseres Lebens erwacht sind. Sie helfen, dass die Dinge und Begegnungen in unser Leben treten, die wir in unserem Seelenplan für uns vorgesehen haben.

Auch die Seelen von verstorbenen Verwandten können uns unter Umständen als geistige Helfer begleiten. Doch dies ist meiner Erfahrung nach eher eine Ausnahme, da sie nach der Beendigung ihres irdischen Lebens erst einmal mit sich selbst beschäftigt sind. Sie schauen zwar sehr gerne vorbei, weil sie uns lieben und sich für ihre Liebsten interessieren, aber nur in Ausnahmefällen übernehmen sie tatsächlich die Aufgabe eines Helfers oder gar Geistführers.

In früheren Zeiten hatten wir meist ein bis drei feste Geistführer, die uns das ganze Leben über begleiteten, ohne zu wechseln. Seit der kollektive Aufstiegsprozess der Menschheit 1987 begonnen hat, sind einige Veränderungen in der geistigen Führung eingetreten. Mitte bis Ende der 1990er Jahre kamen neue Geistführer hinzu, um uns in der eigentlichen Aufstiegszeit zu unterstützen. So hat ein großer Wechsel in der geistigen Führung stattgefunden. Als sich die alten Geistführer verabschiedeten, gab es vielleicht einen Zeitraum von einigen Monaten, in der du dich traurig gefühlt hast, ohne den Grund zu kennen. Aber sie sind nicht wirklich fort. Sie haben nur anderen Geistführern Platz gemacht, die dich noch gezielter unterstützen können. Es sollte auch keine Fokussierung auf einzelne Geistführer erfolgen, die dich in deiner Komfortzone festhielte.

Da du auf der Erde lernst, deine schöpferischen Fähigkeiten zum Höchsten Wohle aller Wesen anzuwenden, halten sich deine geistigen Helfer immer mal wieder im Hintergrund auf, damit du deine eigenen Herzensentscheidungen treffen und Eigenverantwortung übernehmen kannst. Je mehr du dir deines göttlichen Bewusstseins gewahr wirst und dich in der Selbstliebe zentrierst, desto mehr wirst du zu deiner eigenen Führung.

Wir sind wirklich ganz und gar nicht allein, auch wenn sich das manchmal so anfühlen kann. Unsere Helfer stehen uns bei, wenn wir sie nur darum bitten. Da sie unsere Freiheit und Entwicklung nicht einschränken dürfen, braucht es immer wieder aufs Neue unsere Bitte, damit sie aktiv werden dürfen.

Die Inspiration deiner Helfer kannst du an geführten Begegnungen, Impulsen, Ideen und Hinweisen erkennen, die dich über Texte, Bücher, Posts oder sogar Werbeplakate erreichen können. Zudem kannst du sie channeln und gezielt fragen.

Als ich mich während einer Fahrt auf der Autobahn fragte, ob ich einen bestimmten Schritt jetzt gehen sollte, scherte plötzlich ein beschrifteter LKW vor mir ein, auf dem sinngemäß ein Werbeslogan wie »Mach's, sei frei und glücklich« stand.

Ein anderes Mal fuhr ich mit einem Freund im Auto zu einem Treffen und wir unterhielten uns angeregt über die Göttlichkeit, alte Verletzungen, den Schmerz, der in den Erdenleben entstehen kann, und dass man sich oft so einsam und ungeliebt fühlt. Auf dem Gipfel unseres Gesprächs zog es unser beider Blicke plötzlich nach links auf eine riesige Werbetafel, die in mindestens dreißig Metern Höhe auf einer Stahlsäule angebracht war. Dort stand, kein Scherz, in riesiger schwarzer Schrift nach unten hin größer werdend, auf weißem Untergrund:

Ich liebe dich.
Ich liebe dich.
Ich liebe dich.
Gott.

Auch das Auffinden von kleinen weißen Federchen an den ungewöhnlichsten Orten ist ein gerne gesehenes Zeichen von Engeln, unserer Seele oder Helfern, dass sie bei uns sind oder etwas bestätigen. Auch Tiere können uns als Botschafter begegnen. Wenn mir draußen Wildtiere mehrfach oder auf auffällige Weise begegnen, so channele ich gerne ihre Botschaft und erhalte stets eine hilfreiche Inspiration.

Als ich Mitte zwanzig war, las ich in einem Buch von der Möglichkeit, sich mit den Geistführern zu verbinden. Dort wurde vorgeschlagen, sich in seiner Vorstellung auf eine Wiese zu begeben und darum zu bitten, dass sich der Geistführer zeigt. Ich benötigte zwar einige Versuche, aber dann funktionierte es auch tatsächlich. Ich stellte mir eine Blumenwiese vor und wunderte mich, als sich dann plötzlich ein Hügel mit einer kleinen Holzhütte dort einschlich. Das war eine echte Wahrnehmung. Ich hatte mir die Hütte nicht absichtlich vorgestellt, sondern sie war ganz von allein aufgetaucht.

In der Hütte fand ich damals meinen Geistführer in Form eines älteren Mannes mit langem weißem Rauschebart vor, den ich sofort ins Herz schloss. Immer wenn ich ihn besuchte, stand bereits eine dampfende Suppe auf dem Holztisch der urigen Hütte, der stets mit einer rot-weiß karierten Decke eingedeckt war. Bei jedem Besuch brannte ein einladendes Feuer im Kamin. Mein lieber Begleiter saß immer schon am Tisch, wenn ich kam. Ich wärmte mich an seiner liebevollen Ausstrahlung und aß Suppe mit ihm. Ihm konnte ich allen Kummer erzählen und er sah mich mit verständnisvollen, warmen und gütigen Augen an. Damals hatte ich noch keinerlei Ahnung, wie ich mit ihm kommunizieren könnte, was sehr schade war. Trotzdem war ich auch für den wortlosen Kontakt dankbar, er beruhigte mich, tat mir unendlich gut und ich war sehr traurig, als die Hütte einige Jahre später plötzlich leer war. Ich wusste den Grund zunächst nicht und sie blieb ein gutes halbes Jahr leer. Ich hatte keine Erklärung dafür, doch eines Tages fand ich dann plötzlich zwei neue Helfer in der Hütte vor. Meine Geistführer hatten gewechselt.

Mein innig geliebter Begleiter mit dem Rauschebart hatte den Platz freigemacht und es dauerte etwas, bis ich mich mit den neuen Helfern anfreunden konnte. Sie zeigten sich eher zurückhaltend, denn ich durfte lernen, selbständiger zu werden. Die beiden neuen Helfer waren nur etwa zwei Jahre präsent, nach ihnen zeigte sich eine asiatische Frau namens Li, die bis heute an meiner Seite weilt. Ab und an kamen Geistführer hinzu, die Entwicklungsabschnitte von wenigen Monaten betreuten. Nur ein paar Jahre danach öffnete mir das Channeling die Pforten zur Geistigen Welt und eine intensive Reise meiner Selbstfindung, Heilung und Entfaltung begann.

Zu einem meiner geistigen Lehrer habe ich eine besonders tiefe Verbindung, was meistens auch ein Zeichen dafür ist, dass sie Mitglieder unserer Seelenfamilie sind. Dieser Lehrer kam kurz nach meinen Channeling-Anfängen zu mir und besuchte mich einige Wochen lang über Klarträume. Er kam in einer eindrucksvollen Tiergestalt, als übernatürlich großer weißer Tiger mit hellgrauen Streifen. Durch seine weisen, gütigen Augen konnte ich in das Multiversum blicken. Das ist Seraphino, meine »große weiße Katze«, wie ich ihn liebevoll nenne. Später channelte ich, dass er ein äußerst weiser Lehrer und Mentor von der Geistigen Seite ist. Im Hintergrund ist er immer bei mir, auch wenn er seitdem nie wieder so deutlich nach vorne getreten ist. In einer wegweisenden Phase zeigte er sich mir nochmals auf diese Weise und unterstützte mich kraftvoll. Am Morgen danach konnte ich mich sogar an seine nächtlichen Schulungen erinnern. Sie unterstützten mein spirituelles Erwachen zu jener Zeit. Doch er tritt nur an ganz speziellen Lebenspunkten so deutlich hervor. Später kam Mutter Maria als Geistführerin hinzu und es gab innige Kontakte zu Aufgestiegenen Meistern wie Maria Magdalena, Jeshua, Kuan Yin, Kuthumi und Saint Germain.

Du hast dich mit deinen Geistführern und Begleitern für einen gemeinsamen Weg verabredet. Den herausfordernderen Teil der Erfahrung hast dabei sicher du als Mensch!

Aber auch du hast einen riesigen Wissens- und Weisheitsschatz, er ist dir nur nicht ganz bewusst. Je mehr du dein erhöhtes Bewusstsein integrierst, desto mehr enthüllt sich dein eigenes Wissen, das in den höheren Chakren abgespeichert ist. Deine facettenreiche Weisheit wird dir bewusster und das Channeling fördert diesen Zufluss noch erheblich.

Mit deinen Erlebnissen gewinnen auch deine Helfer wertvolles Wissen über menschliche Verkörperungen. Doch um sie wahrhaftig als Weisheit zu integrieren, müssten sie selbst inkarnieren. Manche bereiten sich möglicherweise auf ihr erstes Leben als Mensch vor, andere haben schon viele menschliche Erfahrungen gesammelt, wie sonst könnten sie dich gut beraten. Du triffst dich nachts mit ihnen, um Dinge zu besprechen, doch dies wird dir nur selten bewusst. Die nächtlichen Schulungen schwingen auf einer höheren Bewusstseinsebene, die noch nicht mit deinem Wachbewusstsein kompatibel ist. Sobald du aufwachst, kehrst du von den ganz natürlichen, nächtlichen Astralreisen wieder in deinen Körper zurück und die Details bleiben dabei leider an der Übergangsschwelle zurück, denn du kannst sie noch nicht in dein Tagesbewusstsein übernehmen. Je weiter sich deine höheren Bewusstseinsebenen integrieren, desto leichter kannst du die Erinnerung an die Informationen erhalten.

Vor vielen Jahren durfte ich selbst bedauernd feststellen, dass ich eine sehr große Information oder vielmehr einen Seinszustand, den ich auf einer Astralreise erfuhr, noch nicht in mein Tagesbewusstsein integrieren konnte. Ich erlebte mich in einem unglaublich erweiterten Bewusstseinszustand und wusste über Alles – ja, wirklich Alles! –, was mein Leben betraf, und noch einiges mehr, ganz genau Bescheid. Ich hatte Antworten auf alle Lebensfragen und sogar alle Lösungen. Ich wusste genau, wie die Welt, ja sogar das Universum funktionierte und was nun zu tun wäre. In diesem ziemlich erleuchteten Zustand driftete ich auf meinen Körper zu und du kannst mir glauben, dass es wirklich ein fantastischer, vollkommen glückseliger Zustand war! Ich bekam noch mit, wie ich in meinen Körper eintauchte und dann … *Zack* – alles weg! Ich konnte den hohen Bewusstseinszustand leider nicht integrieren, weil mein menschliches Selbst noch zu viele Verletzungen trug und nicht bereit war. Ich wusste jetzt, dass dieser Zustand existierte, aber ich kam nicht mehr an ihn heran und konnte mich an keinerlei Informationen erinnern.

Ein anderes Mal erwachte ich auf einer nächtlichen Astralreise und erlebte einen für mich tief beeindruckenden Kontakt mit meinen geistigen Helfern. Dazu gibt es eine Vorgeschichte. Nachdem sich mein Leben durch meine Heilarbeit bereits seit mehreren Jahren zu meiner vollsten Zufriedenheit verändert hatte, beschloss meine Seele eines Tages, dass ich bereit wäre, mir nun die am tiefsten sitzenden Wunden anzuschauen. Ich trug noch einige unerlöste Traumata in mir, von denen ich nichts ahnte. Rückblickend betrachtet, beeinträchtigten sie mein Leben damals ganz enorm, doch ich wusste noch nicht, was ein Trauma wirklich ist und wie sehr es einen belastet.

Durch meine Geübtheit und bisherige Heilung war ich inzwischen so stabil mit positiven Gefühlen verbunden, dass ich die Traumaebene nicht andauernd spüren musste. Doch sie war noch unerlöst und trat jetzt verstärkt hervor.

Während in meinen äußeren Lebensumständen schon länger alles in Ordnung war, bemerkte ich eines Tages, dass mein Nervenkostüm plötzlich grundlos und ständig am Limit lief. Ich fühlte mich vollkommen überlastet, als würde etwas mit Gewalt an mir zerren. Zudem kamen diffuse Ängste und Unruhe hervor und gaben mir Rätsel auf. Meine Kurse konnte ich zwar wunderbar geben, denn immer, wenn ich mich in den erhöhten Energien befand, bestand kein direkter Kontakt zu meinen Verletzungen. Waren sie jedoch vorbei, sanken die Energien etwas ab, ich geriet wieder mit den hochgekommenen Traumata in Berührung und fühlte die schreckliche Überlastung.

Erst nach mehreren Monaten erfolgloser Heilungsversuche wurde ich zu der Erkenntnis geführt, dass es sich überhaupt um Traumata handelte. Und als ich mit ihnen arbeitete, reagierten sie zunächst nicht auf meine Heilungen, weil sie etwas ganz anderes brauchten. Per Channeling offenbarte sich mir dann eine Heilweise, mit der ich sie endlich zügig auflösen konnte. Was für ein Unterschied! Ängste, Verzweiflung, innerer Druck, Überlastungsgefühle, tiefsitzende Traurigkeit, Unruhe, meine nächtlichen Albträume und alles, was sonst noch hochkam, waren nach der Traumaheilung verschwunden. Ich fühlte mich zutiefst befreit und ganz wunderbar!

Doch ein Jahr später meldeten sich plötzlich erneut Gefühle von Überlastung bei mir, nur in einer anderen und leichteren Form als zuvor. Anscheinend gab es eine weitere Schicht. Ich arbeitete mit mir und ließ mir auch helfen, was die Sache verbesserte, aber nicht vollständig erlöste. Es handelte sich wohl um Themen, die etwas mehr Zeit benötigten, weil sie durch zahlreiche Inkarnationen und Verletzungen in verschiedensten Schichten meiner Energiekörper festsaßen. Die Gefühle waren quälend und begleiteten mich lange

Wochen. Ich war überrascht und ein bisschen verzweifelt. Wie konnte das sein? Ich war doch sehr glücklich in meinem Leben und trotzdem stellten sich erneut solche Gefühle ein, ohne dass eine tatsächliche Überlastung vorlag. Was tun?

Eines Abends wandte ich mich vehement an meine geistigen Helfer. Ich bat, dass dieser Zustand nun enden möge. Ich bräuchte jetzt ganz dringend eine Lösung von »oben«, weil ich alles mir Mögliche bereits ausgeschöpft hatte.

Weitere Wochen geschah nichts und ich wiederholte meine Bitte mehrfach. Schließlich war der richtige Zeitpunkt gekommen und ich durfte eine wunderbare Begegnung mit meinen Helfern erleben.

Ich erwachte auf einer Astralreise an einem wunderschönen Strand. Es war ein hyperrealer, atemberaubend schöner, weißer Strand. Der Sand war puderweich und ich ging in das Wasser eines himmlischen Meeres, um darin zu baden. Seine türkis-hellblauen Farben leuchteten und weiße Schaumkronen tanzten auf hohen Wellen, die sich wie in Zeitlupe bewegten. Die höhere Wirklichkeit unterliegt nicht unseren erdphysikalischen Gesetzen, und während mächtige Wellen auf der Erde nicht ganz ungefährlich sind, trugen mich diese hier überaus sanft. Zudem war das Wasser recht tief, doch sobald ich den Wunsch verspürte, darin zu stehen, reichte es mir nur noch bis zum Bauchnabel. Ich liebe die gleichzeitige Erlebbarkeit unterschiedlicher Zustände auf den höheren Ebenen.

Während es mich tiefer in das Meer hineintrug, kamen mir ein paar Menschen aus den Wellen entgegen. Mir fiel eine asiatische Frau auf und ich erkannte sie als Li, eine meiner geistigen Führerinnen. Es waren allesamt geistige Helfer, die mich hier liebevoll begrüßten. Sie luden mich ein, mit ihnen zu schwimmen, und während ich auf den Wellen trieb, lösten sich die Reste meines Überlastungsgefühls auf. Ich befand mich in einem überirdischen

Meer der Heilung, das mich ganz sanft trug. Sein himmlisches Wasser spülte jene Energien, die immer noch zwischen meinen Energiekörpern feststeckten, heraus. Sie saßen auf Ebenen fest, die ich selbst nicht erreichen konnte. Hier gab es eine göttliche Intervention. Von da an waren die Überlastungsgefühle kein Thema mehr und meine Methode der Traumaheilung reifte, um diese Ebene ergänzt, vollständig aus.

Göttliche Führung bedeutet nicht unbedingt, dass alles sofort gut wird, deshalb habe ich dir diese Geschichte erzählt. Manchmal braucht es vielleicht längere Zeit oder Zwischenschritte, doch die Hilfe wird dir gegeben. Sei bitte nicht enttäuscht, wenn nicht bei jeder Bitte umgehend etwas geschieht. Vielleicht kommt es gerade darauf an, dir selbst zu helfen und so einen entscheidenden Entwicklungsschritt zu gehen oder der Zeitpunkt ist aus anderen Gründen nicht der richtige. Unsere Helfer wissen genau, wann und in welcher Form sie etwas für uns tun dürfen, denn ihr höchstes Gebot ist es, unseren freien Willen wie auch unsere karmischen Hintergründe zu achten. Es ist wie in der Schule. Wenn du einem Schüler die Lösungen vor der Klassenarbeit gibst, kann er nichts lernen.

Manchmal sind mir enttäuschte Menschen begegnet, die sich von ihren Helfern regelrecht verraten fühlten. Zumeist hatten sie ihre Eigenverantwortung abgegeben und bestanden auf Rettung. Das funktioniert natürlich nicht, denn unsere Helfer sind angehalten, unsere Freiheit und Selbstbestimmung zu fördern. Ich kann dir versichern, dass deine Helfer auf jeden Fall da sind. Ob und wann sie dir helfen dürfen, entscheidet eine höhere Weisheit. Vielleicht kommen auch Wegweisungen von ihnen, die du noch nicht als solche erkennst, weil du etwas anderes erwartet hast. Dann gibt es irgendwann einen nächsten Versuch. Wenn du eine Bitte an sie abgibst, gehe am besten achtsam durch die kommenden Tage und Wochen, damit du die Hinweise nicht übersiehst.

Noch heute trage ich dieses unfassbar heilsame Gefühl des überirdischen Meeres in mir.

Wie du siehst, war bei mir auch nicht alles immer ganz einfach und ich habe ordentliche Herausforderungen und viele Jahre großer Leidensgeschichten erlebt.

Das menschliche Leben und unsere Entwicklung können so etwas mit sich bringen, doch ich bin am Ball geblieben und habe mich aus ihnen herausgearbeitet. Ich habe es geschafft, meine sämtlichen Lebensbereiche wie Partnerschaft, Familie, Gesundheit und Berufung von richtig schlecht auf richtig glücklich umzustellen und so schlimm Schmerz, Krankheit, Einsamkeit und Ängste in meinen früheren Lebensjahren auch waren, ich habe dadurch unglaublich viel gelernt. Der Weg hat sich mehr als gelohnt.

Meine innere Führung hat mich durch Herzensimpulse, geführte Begegnungen und Channelings stets gut angeleitet und mir einige Umwege erspart. Als ich mir ihrer noch nicht bewusst war, gab es viele Schwierigkeiten, Sorgen und Nöte in meinem Leben, die ich damals nicht lösen konnte.

Übung: Channeling mit deinem Geistführer

Jetzt ist es an der Zeit, deinen Geistführer kennenzulernen. Lasse dazu deine Aufmerksamkeit in deinen Körper sinken und gehe in dein Gefühl. Spüre deinen Bauch- und Beckenbereich und das wohlige Gefühl, dass deine Unterlage dich sicher hält und trägt. Lasse dich an dem Wohlfühlort deiner inneren Landschaft nieder und fühle dich sicher und geborgen.

Pause

Stelle dir vor, dass sich nun ein Weg vor dir eröffnet. Bitte darum, dass er dich zu einem Platz führt, an dem du deinem Geistführer begegnen kannst.

Folge dem Weg und spüre seine Beschaffenheit unter deinen Füßen. Du gehst auf einen besonderen Platz zu. Vielleicht ist es eine Wiese, eine Lichtung, ein Tempel oder ein ganz anderer Ort. Komme dort an und schaue dich um.

Pause

Bitte nun, dass dein Geistführer zu dir kommt, und vertraue allen spontanen Eindrücken.

Begrüße deinen Geistführer und reiche ihm die Hände. Lasse Liebe aus deinem Herzen zu ihm fließen. Nimm seine Gestalt wahr. Welche Kleidung trägt er? Welche Frisur und Haarfarbe hat er? Ist er männlich oder weiblich?

Pause

Nimm seine Ausstrahlung wahr. Wirkt er weise, gütig, liebevoll, klar, aktivierend oder beruhigend? Stelle ihm eine Frage oder bitte um eine Botschaft. Lasse die Antwort als sanften Gedankenstrom zu dir fließen.

Pause

Bitte deinen Geistführer, dir ein Geschenk zu überreichen, das dich in deiner jetzigen Situation oder bei einem Problem unterstützt. Er wird es in deine inneren Hände legen, als ein Symbol, eine Farbe oder Energie. Frage nach, worum es sich dabei handelt.

Pause

Lege das Geschenk in dein Herzchakra oder eine Stelle des Körpers, die sich richtig anfühlt, so kann sich seine Kraft integrieren. Bedanke und verabschiede dich liebevoll bis zu eurem nächsten Kontakt.

Für eine Begegnung mit deinem Geistführer gibt es keinerlei Formvorschriften. Du kannst die von mir vorgeschlagene Meditation nutzen oder dir einen eigenen Zugang erschaffen. Bitte einfach aus deinem Herzen um eine Begegnung und vertraue deinen Wahrnehmungen.

Geistige Helfer im Alltag

Um dir ein paar erste Inspirationen für ein Zusammenwirken mit deinen geistigen Helfern zu geben, möchte ich gerne noch ein paar weitere persönliche Erlebnisse schildern. Schließlich muss man auf manche Ideen überhaupt erst einmal kommen, um sie ausprobieren zu können.

Eines Tages bat ich Helfer gezielt um Unterstützung bei verschiedenen Tätigkeiten, was auch ganz wunderbar funktionierte. Damals arbeitete ich noch als Steuerfachangestellte. Eine meiner Aufgaben war die Buchführung und dazu gehörte auch das Abstimmen von Konten.

Wenn eine Buchung einen Tippfehler beinhaltete oder es komplexe Verrechnungen gab, konnte man den Fehler auf einem Buchführungskonto schon mal eine ganze Weile suchen. Ich wünschte mir eine Arbeitserleichterung und bat um einen Helfer. Der Wunsch wurde mir auch tatsächlich sofort erfüllt.

Ich hatte die Wahrnehmung, dass zwei Buchhalter aus den 1920er Jahren an meinem Schreibtisch traten. Sie trugen Manschetten an den Handgelenken, damit ihre Ärmel nicht von Tinte beschmutzt wurden. Beide trugen Brillen mit kleinen, runden Gläsern auf der Nase und wirkten äußerst konzentriert. Sie neigten den Kopf, starrten geradezu auf meine Kontenblätter und tuschelten miteinander. Noch während ich mich darüber amüsierte, weil es so witzig aussah, verspürte ich plötzlich den Drang, auf die Toilette zu gehen. Als ich zurückkam, blätterte ich in den Konten und schlug wie von Zauberhand genau die richtige Seite auf. Mein Blick fiel genau auf die Zeile, in der sich der Fehler befand. Großartig! Wann immer es nötig war, fand ich den Fehler nun umgehend. Das war eine sehr erstaunliche Erfahrung und eine riesige Erleichterung für mich.

Ich war hochmotiviert, weiteres auszuprobieren. Nach Feierabend ging ich immer gerne joggen, aber an manchen Tagen fühlte sich mein Körper kraftlos an und es kostete mich viel Überwindung. Auch hier bat ich um Unterstützung und unverzüglich hatte ich zwei Lauftrainer an meiner Seite. Sie trugen Jogginghosen und helle Kapuzenshirts. Sie sagten zwar nie etwas, joggten aber, einer links und einer rechts, von da an mit mir. Dabei nahmen sie mich in ihre Mitte und gaben mir Energie. Mein Körper bekam einen Frische- und Motivationskick und ich konnte viel besser laufen. Nach wenigen Wochen brachten sie mich zu der Erkenntnis, dass ich meine Aufmerksamkeit mehr in meinem Körper lenken und sie dort halten müsste. Während ich beim Joggen gerne über Vorhaben nachdachte und mich zu sehr auf die mentale Ebene begab, bekam ich jetzt die Eingebung, mein Gefühl wirklich im Körper zu halten. Auf diese Weise war ich wieder mit meiner Körperkraft verbunden und spürte mehr Energie und Freude beim Sport. Von da an brauchte ich sie nicht mehr.

Beim Kochen benötigte ich definitiv Hilfe und hier zeigte sich Jim in meiner Küche, im Gewand eines amerikanischen Pizzabäckers der 1950er Jahre. In meinem inneren Bild war er etwa Mitte zwanzig, hellblond, ziemlich lässig und ich fürchtete schon insgeheim, dass nun wohl die Ära der Fertiggerichte für mich angebrochen wäre. Ich dachte zunächst, er würde mir vielleicht Pizzarezepte channeln, aber unsere Zusammenarbeit sollte anders funktionieren. Wann immer ich ihn rief, erhielt ich Eingebungen, welche Lebensmittel ich einkaufen sollte. Jims Inspiration umgab mich, sobald ich darum bat, und während ich einkaufte, fielen mir dann plötzlich ganz bestimmte Lebensmittel ins Auge. Zum Beispiel Broccoli, Nüsse, Kartoffeln und Mango. Sie stachen irgendwie hervor und ich legte sie dann in den Einkaufswagen, auch wenn ich mir noch nicht vorstellen konnte, welches Gericht daraus wohl entstehen könnte. Wieder Zuhause angelangt fragte ich Jim, was ich denn nun damit tun sollte. Es kamen dann Hinweise wie »alles zusammen in eine Pfanne« oder »zuerst die Kartoffeln kochen«. Auch bestimmte Gewürze stachen hervor, während ich auf mein Gewürzregal blickte, und diese verwendete ich dann. Dabei kamen manchmal etwas ungewöhnliche Kreationen heraus, die aber allesamt sehr gut schmeckten. Obwohl Jim sich als Pizzabäcker zeigte, führte er mich erstaunlicherweise in Richtung der Curries. Vielleicht mochte er die Erscheinungsform einfach gut leiden. Ich liebe Curries bis heute und habe sie inzwischen in vielerlei Formen ausprobiert. Von Herzen danke, lieber Jim!

Deine Helfer können ebenso in menschlicher Gestalt wie auch als Engel, Tiere, Naturwesen, Drachen, Einhörner, Lichtkugeln oder in anderer Form an dich herantreten. Wenn dein Erwachensweg voranschreitet, wird ab einem gewissen Punkt auch ein Aufgestiegener Meister oder eine Aufgestiegene Meisterin gezielt an deine Seite treten und dich begleiten. Sie werden sich zur richtigen Zeit zu erkennen geben.

Es macht sehr viel Freude, die Unterstützung der Helfer im Alltag zu nutzen, und vielleicht können dich diese Zeilen inspirieren, es auch einmal zu versuchen.

Teste es am besten in einem einfachen Alltagsbereich, dann sind der Druck und die Erwartungshaltung nicht so hoch, wie es bei einem ernsten Problem der Fall wäre, und deine Wahrnehmung kann viel leichter fließen.

Einweihungen

Einweihungen schenken ihrem Empfänger eine Schwingungserhöhung, die der Entwicklung Vorschub leistet. Durch sie kommst du mit höheren Energien und Bewusstseinsebenen in Kontakt, die du noch nicht aus eigener Kraft empfangen und erden kannst. Sie öffnen einen Zugang, der dir bisher nicht zugänglich war, wie vielleicht der Kontakt zu Engeln, Naturwesen, Aufgestiegenen Meistern, der göttlichen Quelle, bestimmten Heilenergien, Heilweisen, Fähigkeiten und vielem mehr.

Eine Einweihung ist eine Energieerhöhung. Sie kann von Menschen ausgehen, die den entsprechenden Bewusstseinszustand bereits erreicht haben, oder sie wird einem von der Geistigen Welt nahegebracht. Bei einer Einweihung gelangen wir in die Erfahrung der erhöhten Ebene, in die wir eingeweiht werden. Wir spüren dann, wie sie sich anfühlt, und können uns später aus eigener Kraft wieder mit ihr verbinden.

In der Vergangenheit gab es hin und wieder regelrechte Einweihungswellen. Viele waren sehr gut und hatten die wichtige Aufgabe, die Bewusstwerdungsprozesse der Menschheit zu unterstützen, doch manche waren auch manipuliert oder unwahr. Manche funktionierten über Symbole, die dem Empfänger energetisch in die Energiekörper oder auch den physischen Körper eingeprägt wurden. Ich habe viel dazu gechannelt, weil mich das Thema interessierte und ich mich fragte, wieso ich eigentlich all die Jahre nie Symboleinweihungen aus der Geistigen Welt erhalten hatte. Machte ich etwas falsch?

Meine geistigen Lehrer erklärten mir, dass ein Symbol eine ganz bestimmte Energie übermittelt und diese dann ständig an den Menschen sendet. Ist der Mensch in seiner Entwicklung eines Tages aber über diese Energie hinausgewachsen – und das geschieht irgendwann unwillkürlich –, funkt das eingeprägte Symbol immer noch auf derselben Frequenz, die längst nicht mehr benötigt wird. Auf diese Weise wirkt es nun störend und begrenzt den Menschen. Einige dieser Symbole lösen sich durch Erkenntnisse oder nach bestimmten Entwicklungsschritten von selbst wieder auf, manche bleiben jedoch hartnäckig in den Energiekörpern, Chakren oder auch Körperzellen des Menschen. Auch aus längst vergangenen Leben und Kulturen können wir Symboleinweihungen als Prägung nach wie vor in unserem Energiefeld tragen. Ich habe bei Klienten oft ägyptische Symbole gesehen, die bis in die Knochenhaut eingeprägt und über viele Leben hinweg dort verblieben waren. Sie waren die Ursache für so manches Lebensproblem und wenn sie aufgelöst wurden, zeigte sich eine deutliche Veränderung im Wohlbefinden. Auch das Kronenchakra kann eine wahre Fundgrube für Symboleinprägungen aus längst vergangenen Leben und Kulturen sein. Manche Symbole wurden sogar verfälscht, Energien dadurch verwässert oder absichtlich mit niedrig schwingenden Energien verbunden, um jemanden zu schaden.

Durch die große Dichte auf der Erde waren Symboleinweihungen in der Vergangenheit manchmal der einzig wirksame Weg, um einen Menschen wieder mit höherschwingenden Energien und Ebenen zu verbinden. Sie hatten die Funktion einer Brücke, um dem Betreffenden die gewünschten Frequenzen zuzuführen. Das ist heutzutage jedoch nicht mehr nötig, denn die Energien sind global wieder hoch genug, um Einweihungen und Heilimpulse auch ohne Symbole empfangen zu können.

Wenn du in der Vergangenheit Symboleinweihungen erhalten hast, die sich nicht mehr stimmig anfühlen, so fühle in dein Herz hinein und bitte die göttliche Quelle und deine geistigen Helfer, sie für dich aufzulösen. Wenn du nur aus deinem Verstand heraus bittest, wird es nicht funktionieren.

Es ist wichtig, dass du dich in dein Herzensgefühl und die Geborgenheit deiner inneren Mitte im Bauch-Beckenbereich sinken lässt und dich erdest, damit die Helfer in deinem Energiefeld arbeiten können, sonst bleibt es verschlossen.

Bitte deine Helfer um vollständige Auflösung und stelle dir dabei vor, dass sich die Symbole in deinem gesamten Energiefeld und Körper auflösen und abfließen. Bitte, dass du die Kraft aus der ursprünglichen Einweihung nun in höchster, reinster Form auch ohne die Symbole nutzen kannst.

Es kann sogar sein, dass du dabei ein regelrechtes »Energie-Update« erfährst, weil du inzwischen schon viel höhere Energien aus eigener Kraft halten kannst, die ohne die Symboldeckelung endlich einfließen können. Probiere es einfach mal aus, auch wenn du nicht weißt, ob du solche Symboleinprägungen hast. Wenn tatsächlich welche dort waren, wirst du es bei der Auflösung spüren und dich danach besser fühlen.

Manche Einweihungen können frei heraus von der Geistigen Welt gegeben werden, für andere braucht es einen irdischen Übermittler. Gerade wenn ein Mensch von bestimmten Bewusstseinsebenen noch sehr getrennt ist, kann die Geistige Welt die nötige Kontaktintensität nicht herstellen. Dann wird ein Mensch benötigt, um die hohen Energien zu erden und zugänglich zu machen. Gehe dabei sehr behutsam vor. Achte immer auf dein stimmiges Herzensgefühl und bitte deine Führung, dich zu dem richtigen Lehrer zu bringen. Einweihungen werden gegeben, wenn der Zeitpunkt richtig und der Mensch dazu bereit ist. Aus keinem anderen Grund. Wenn eine Einweihung für dich vorgesehen ist, wirst du sie auf irgendeine Weise auch erhalten und sei es nachts über deine Träume. Wirklich reine Einweihungen sind stimmig, erhebend und bewusstseinserweiternd.

*Wenn du noch auf ein Zeichen
deiner Geistführer wartest,
dass sie dich lieben ...*

Hier ist es!

5

Der innere mediale Kanal

>>Vertraue dir. Alles ist in dir vorhanden.
Erlaube deinem Potenzial,
in Liebe zu erwachen.<<

Das A und O des Channelings:
Die richtige Ausrichtung

Um wirklich reine Channelings zu erhalten, ist eine liebevolle
Verbindung über dein Herz und darüber hinaus in die höchste
göttliche Quellebene grundsätzlich wichtig. Dazu werden wir
erst einmal deine göttliche Führung aktivieren.

Richte dazu deine Aufmerksamkeit sanft in dein Herzchakra in
der Mitte deiner Brust. Schreibe mit großen goldenen Buchstaben »Ich liebe mich« hinein und spüre deine sanfte Herzensliebe.

Warte, bis du sie spüren kannst, auch wenn sie »nur« ganz zart ist. Die folgenden Absichten aktivieren deine göttliche Führung und richten dich auf reine Ebenen aus. Bekunde sie bitte nicht allein rein verstandesmäßig, denn sonst bleiben sie unwirksam, sondern fühle sie in deinem Herzen schwingen:

- Ich öffne mich nur für die höchste, reinste Liebe und Wahrheit. Ich bitte, dass alles, was ich channele und tue, stets zum höchsten Wohle aller Wesen ist.
- Ich bitte um göttliche Führung und darum, versehentliche Manipulationen zu verhindern.

Wiederhole diese Sätze und lasse sie in dir nachklingen.

Ein gut angebundener, reiner Kanal, der in der höchsten Liebe und Wahrheit schwingt, ist nicht nur die beste Grundlage für Channeling, sondern für alle Arten des Geistigen Heilens, für Clearings wie für alle Formen der Energiearbeit. Durch ihn fließen nicht nur Botschaften, sondern jegliche Informationen, Wissen, Bilder, Klänge, Heilenergien, Erkenntnisse, göttliche Impulse und vieles mehr. Alles, was benötigt wird, kann abgefragt und empfangen werden. Der geöffnete mediale Kanal ist ein fruchtbarer Boden, auf dem sich alles Weitere entfalten kann. Er kann über vier Haupt-Ankerpunkte aktiviert werden, die im Folgenden bei der »Öffnung des inneren Kanals« näher erläutert werden und mit aktivierenden Übungen versehen sind.

Der große Unterschied zwischen Channeling und medialer Kommunikation

Eine stimmige Herzensausrichtung ist die Grundebene deiner medialen Kommunikation. Über diese Ebene kommunizierst du mit der Herzens- und Persönlichkeitsebene des kontaktierten Wesens, aber noch nicht mit der höchsten Wahrheit und Liebe! Erst wenn der innere mediale Kanal in der höchsten Quellebene angebunden ist, erweitert sich die »normale« mediale Kommunikation, die über das Herz beginnt, zum übergeordneten Channeling. Erst hier werden die Ebenen höchster Weisheit und Liebe erreicht. Für mich hat das damals Erzengel Metatron bewerkstelligt, aber natürlich kann dich auch ein irdischer Lehrer, der diesen Zugang verwirklicht hat, dort anbinden.

Mediale Kommunikation und Channeling werden gerne miteinander verwechselt oder gleichgesetzt, doch es gibt erhebliche Unterschiede zwischen ihnen. Die mediale Kommunikation erfolgt über die Herzensebene und zu ihr gehört beispielsweise die Tierkommunikation. Sie ist wie das Channeling eine telepathische Kommunikation, erreicht allerdings »nur« die Herzens- und Persönlichkeitsebene des kontaktierten Tieres oder Wesens. Hierüber kommen wir in Kontakt mit dem inkarnierten Teil der Seele als Tier, aber noch nicht unbedingt mit der höchsten göttlichen Weisheit. Das heißt, dass einem solchen Austausch nach wie vor Grenzen gesetzt sind.

Die meisten Tiere haben zwar eine gute Anbindung an ihre Seele und werden dir auch einige höhere Weisheiten vermitteln können, doch sind ihnen durch ihre Inkarnation Grenzen gesetzt und ihr Bewusstsein hat nicht unbedingt einen vollständigen Überblick. Wenn man ein Tier beispielsweise per medialer Kommunikation fragt, warum es krank ist, dann weiß es darauf zwar manchmal die Antwort, manchmal aber auch nicht. Es wird nicht unbedingt wissen, welche Heilschritte es benötigt oder welche Themen in deiner Ahnenlinie noch ungelöst sind.

Hierfür müsstest du dann eine übergeordnete Quelle, wie einen Engel, Meister oder die göttliche Quelle selbst, fragen und dieser Zugang öffnet sich nur über deine höheren Chakren und eine saubere Anbindung an deinen göttlichen Quellpunkt. Es wird ein komplett angeschlossener innerer Kanal benötigt, sonst kannst du die hohen Schwingungsebenen der Engel, Aufgestiegenen Meister, anderen Lichtwesen und der göttlichen Quelle nicht erreichen. Vielleicht bist du ja schon mit der medialen Kommunikation, die dir einen erfüllenden Austausch mit Tieren, Pflanzen und Naturwesen schenken kann, vollkommen glücklich und zufrieden und möchtest gar nicht »höher hinaus«.

Das ist auch bereits ein wunderbarer Zustand.

Übrigens sind mir immer wieder Menschen begegnet, die unterschwellig spürten, dass mit ihren Channelings etwas nicht stimmte, und es war stets zu sehen, dass ihr innerer Kanal entweder schon im Seelenstern, dem ersten höheren Chakra etwa zwanzig Zentimeter über dem Kopf, oder einem weiteren der mindestens acht höheren Chakren endete, aber den höchsten Quellpunkt nicht erreichte. Das ist ein wichtiges Thema.

Es wird immer wieder angenommen, dass bereits in den ersten höheren Chakren »alles gut« sei, weil es dort in die universellen und kosmischen Bewusstseinsebenen hineingeht, doch das ist leider nicht der Fall. In sämtlichen höheren Chakren, die unterhalb des Quellpunktes liegen, können Verletzungen bis hin zu Traumata aus unseren Sterneninkarnationen, kosmischen Inkarnationen und anderen Ausdrucksformen unseres Bewusstseins abgespeichert sein. Ich habe selbst und mit Menschen, die diese hohen Ebenen ebenfalls gut wahrnehmen können, über Jahre daran geforscht und wir haben festgestellt, dass erst ab der höchsten Verbindung in die göttliche Einheit der Quelle die Verletzungsebene endet. Sämtliche Chakren darunter können verletzte Seelenanteile enthalten.

Einzig unser göttliches Quellselbst bleibt stets unverletzt. Unsere Seele ist in Wahrheit nur ein weiteres Gefährt, das uns eine Ausdrucksform innerhalb dieses Universums verleiht, als

Zwischenspeicher unserer Weisheit aus den Inkarnationen dient und diese dann an unser höchstes göttliches Quellselbst weitergibt. Der Begriff Seele ist weit verbreitet und einfach wunderschön und du kannst ihn natürlich gerne als Synonym für das göttliche Quellselbst verwenden, wenn es dir gefällt. Aber tatsächlich gibt es diesen Unterschied, der mir einst von meinen geistigen Lehrern erklärt wurde und den ich inzwischen auch selbst wahrnehmen kann. Unsere Seele, unser Seelenkörper, kann verletzt werden und der Heilung bedürfen. Wir haben innerhalb dieses Universums viele Inkarnationen erlebt, aus denen so manche Verletzung und Fehlinterpretation der Wirklichkeit abgespeichert wurde.

Oftmals waren wir auf anderen Planeten in anderen Galaxien inkarniert und längst nicht alle Sternenvölker sind auf der Herzensebene verwirklicht, mit der Einheit rückverbunden oder gar erleuchtet. Aus alten Sternenkriegen und Konflikten, die dort ebenso vorhanden sind wie auf der Erde, können wir unterschiedlichste Wunden, Manipulationen und Missverständnisse in den höheren Chakren abgespeichert haben.

Bleibt der innere Kanal auf zu niedrigschwingende Ebenen ausgerichtet, so können unstimmige Botschaften empfangen werden, denn Wesen mit niedrigerer Ausrichtung können sich mit Falschdurchgaben einmischen. Jemand, der nicht weiß, wie sich reine, hochschwingende Kontakte anfühlen, kann leicht getäuscht werden, ohne es zu bemerken.

Für reine Channelings ist es wichtig, dass dein innerer Kanal nicht nur in irgendeinem der höheren Chakren endet, sondern wirklich am höchsten Quellpunkt angeschlossen ist!

Sonst besteht immer die Möglichkeit, dass sich vielleicht unreine Botschaften und Wesen niederen Bewusstseins einmischen, ohne dass es dir überhaupt auffällt.

Der Aufbau des inneren Kanals

Dein innerer medialer Kanal entsteht durch das harmonische Zusammenwirken deiner Haupt- und Nebenchakren sowie deiner Erdchakren und höheren Chakren. Du kannst dir vereinfacht vorstellen, dass alle zusammen einen vertikalen Lichtkanal durch deinen Körper bilden. Sie dienen als Empfänger, Transformatoren und Verteiler, empfangen Informationen und Energien und geben sie durch deine Energiekörper hindurch an deinen materiellen Körper und in dein menschliches Sein weiter.

Die sieben Hauptchakren, vom Wurzel- bis zum Kronenchakra, sind sicherlich weitreichend bekannt. Die Erdchakren beginnen im Stehen etwa zwanzig Zentimeter unterhalb deiner Füße und im Sitzen unterhalb deines Steißbeins in der Erde. Sie reichen vertikal bis in den tiefsten Punkt deines unteren Energiefeldes, den Seelenverschmelzungspunkt, hinein. Über ihn hat deine Seele Zugang zur Materie. Die höheren Chakren beginnen etwa zwanzig Zentimeter oberhalb deines Kopfes und reichen nach oben hinaus. Sie bilden eine vertikale Verbindung bis in den höchsten göttlichen Quellpunkt.

Stell dir einfach Folgendes vor: Der Bereich ab deinem Herzchakra nach unten durch die Erdchakren bis in den Seelenverschmelzungspunkt hinein bildet den unteren Teil deines Energiefeldes, während der Bereich ab deinem Herzchakra aufwärts durch die höheren Chakren bis in den höchsten Quellpunkt den oberen Teil deines Energiefeldes darstellt.

Anders als bei den Hauptchakren im Körper ist über die höheren Chakren und Erdchakren bisher keine übereinstimmende Literatur bekannt. Bis vor wenigen Jahren waren sie eher Potenziale im Feld und erst jetzt im Zuge des Aufstiegsprozesses beginnen sie sich allmählich wieder zu aktivieren. Solange wir uns noch mit einem Bewusstsein der Trennung identifizieren und nicht in die Einheit von Allem Was Ist rückverbunden sind, haben wir auch voneinander getrennte Chakren.

Du kannst dir die Chakren wie Perlen an einer Schnur vorstellen, die vertikal durch deinen Körper verläuft und weit in die Erde hinein sowie hoch in den Himmel hinauf reicht. Je weiter unser Erwachens- und Aufstiegsweg fortschreitet, desto mehr fließen sämtliche Chakren über unser Herzchakra zusammen und werden am Ende dieses Integrationsprozesses gemeinsam das Einheitschakra bilden. Dann haben wir die Illusion der Trennung vollständig überwunden und sind uns unserer multidimensionalen Göttlichkeit wieder bewusst.

Himmel und Erde vereinen sich über das Herz des aufgestiegenen Menschen. Der durch Himmel und Erde vereinte Mensch wird als Christusselbst bezeichnet – das ist unser Potenzial, das uns Jeshua bereits vor mehr als zweitausend Jahren auf der Erde vorlebte und das er in uns einbettete.

Die höheren Chakren ermöglichen einen Zugang unter anderem zum Bewusstsein der Einheit, der göttlichen Ordnung, zu unseren kosmischen Inkarnationen, Sterneninkarnationen und vielem mehr. Fähigkeiten wie Channeling, Telepathie, Levitation, der Zugang zur Multidimensionalität sind hier lokalisiert. Ebenso können hier aber auch noch Verletzungen aus den entsprechenden Themen abgespeichert sein.

Deine Körperchakren wirken auf der Existenz- und Verständnisebene des Menschen. Sie beinhalten Themen und Qualitäten, die für dein jetziges Leben eine Rolle spielen, und versorgen Körper und Organe mit Lebensenergie.

Die Erdchakren bieten dir einen sicheren Halt auf der Erde und beinhalten die Zugänge zu deinen vergangenen Erdenleben, Ahnen, den Wissensbibliotheken der Völker und Menschheit sowie zu den Reichen der Natur, den Naturwesen, Pflanzen, Tieren, der Mutter Erde und vielem mehr. Wir waren nicht nur als Menschen auf der Erde inkarniert, sondern manchmal auch als Naturwesen, Tiere, Pflanzen oder sogar Steinwesen. Diese Weisheit ist tief in uns gespeichert. In den Erdchakren befinden sich neben den nutzbaren Qualitäten aber auch Verletzungen aus deinen vergangenen Leben und in den Körperchakren aus deinem gegenwärtigen Leben.

Dein göttliches Quellselbst bleibt in seinem Kern stets unverletzt und außerhalb jeglicher Identifikation mit deinen Inkarnationen. Auf dieser höchsten Bewusstseinsebene bleibst du als göttliches Wesen immer rein. Sämtliche Erfahrungen aus den Inkarnationen werden deshalb auch als Illusion bezeichnet. Du kannst innerhalb deiner Inkarnationen zwar Realitäten mit allen Höhen und Tiefen, aber eben auch Verletzungen erfahren, doch sind sie aus deiner höchsten Perspektive nichts anderes als ein Theaterspiel in verschiedenen Kostümen und Welten. Ist das Spiel hinreichend erfahren worden, integrierst du jegliche dort erworbene Weisheit und erwachst wieder zu deiner göttlichen Wirklichkeit. Unser göttlicher Kern oder Funke ist dabei unsere ständige »Rettungsleine«, die uns aus den Illusionen der Inkarnationen wieder hinausführen kann, sobald wir die gewünschten Erfahrungen gemacht haben. Als du dich einst zu deiner spirituellen Suche aufgemacht hast, bist du seinem Impuls gefolgt.

Du kannst dir deinen inneren Kanal vereinfacht gesehen als einen Lichtkanal vorstellen, der vertikal durch deinen Körper verläuft. Sein Licht dehnt sich über deine Körpergrenzen hinaus aus. Seine höchste Ebene befindet sich viele Meter über deinem Kopf. Dort dehnt er sich über deine universellen und kosmischen Bewusstseinsebenen in dein Quellselbst und die göttliche Quelle aus. Der unterste Punkt befindet sich weit unter deinen Füßen in der Erde und stellt die Verbindung deiner Seele mit der materiellen Welt dar. Auch über diesen

Punkt dehnt sich dein Bewusstsein dann wieder in dein göttliches Selbst und die göttliche Quelle aus.

Die Körperchakren stellten sich in der Vergangenheit eher als Trichter dar, die sich nach vorne und hinten aus dem Körper heraus öffneten. Im Zuge unserer wachsenden Bewusstwerdung werden sich alle Chakren jedoch um 360 Grad öffnen und die alten Verletzungen in uns schrittweise zur Erlösung freigeben. Du kannst dir die Chakraebenen jetzt auch als Kugeln vorstellen, die aber nicht durch die Form der Kugel begrenzt sind. Vielmehr beschreibt diese Form ihre multidimensionale Ausdehnung in alle Richtungen.

Der innere Kanal stellt nicht nur für das Channeling, sondern auch für Geistiges Heilen und alle energetischen Wirk- und Heilweisen eine wichtige Grundlage dar, auf der dich alle wichtigen Informationen erreichen und sich deine Fähigkeiten weiter entfalten können. Es ist dazu nicht notwendig, alle Chakraebenen genau zu kennen. Das Bild deines inneren Kanals als eines flexiblen Lichtkanals, der sich über deine Körpergrenzen ausdehnen kann, reicht vollkommen aus.

Es sollte eine reine Verbindung in deinen höchsten Quellpunkt wie auch eine gute Erdung sichergestellt sein.

Das Zugangsspektrum des inneren Kanals

Auf der Grundlage deines inneren Kanals kannst du die höheren Lichtdimensionen kennenlernen und integrieren. Sie offenbaren ein riesiges Spektrum an Zugängen und Kontaktmöglichkeiten. Wir können Engel, Aufgestiegene Meister, die göttliche Quelle, Verstorbene, Tiere, Naturwesen, Weltenlehrer, Sternenwesen, kosmische Wesen und andere wundervolle Quellen channeln. Je mehr die unterschiedlichen Chakraebenen im inneren Kanal beispielsweise durch Einweihungen in diese Ebenen aktiviert wurden, desto vielfältiger sind diese Zugänge.

Die richtige Körperhaltung zum Channeln

Am günstigsten ist es, sich aufgerichtet hinzusetzen. Beine und Arme sollten nicht überkreuzt sein, damit die Energien und Informationen optimal fließen können. Wenn du eine Sitzposition mit einem krummen Rücken oder irgendwelchen Verdrehungen einnimmst, so lässt du unbewusst deine Erdung los und es wird viel schwieriger zu channeln. Die Energien heben förmlich ab und die Informationen der Geistigen Welt kommen nicht richtig in Kontakt mit deinem Energiefeld. Die Informationspakete umkreisen dann dein oberes Energiefeld, ohne wirklich in deinen Kanal einfließen zu können.

Stelle deine Füße bitte möglichst auf den Boden, um einen guten Erdkontakt zu spüren. Wenn du bereits Erfahrung hast, kannst du sicherlich auch im Liegen channeln, aber hier sollte ebenfalls keine gekrümmte oder überkreuzte Haltung eingenommen werden. Meine Empfehlung lautet, vor allem zu Beginn in einer aufrechten, rückenfreien Sitzposition zu channeln.

Manchen Menschen fällt es leichter, bei einem einfachen Spaziergang zu channeln. Ich gebe diesen Tipp immer gerne Teilnehmern meiner Ausbildungen, die Widerstände oder Ungeduld spüren, wenn sie sich Zuhause zum Channeln hinsetzen möchten. Durch das langsame Spazierengehen – natürlich auf einem einfachen, sicheren Weg – sind dein Körper und Verstand beschäftigt und du überlistest deine Widerstände. Das Gehen erzeugt zudem einen leicht meditativen Zustand und kann den Fluss des Channelings erleichtern.

Probiere einfach aus, was für dich am besten funktioniert.

Das bewusste Steuern von Channelings

Dies ist ein ganz wichtiges Thema, denn Channeling möchte dich in deine Freiheit und Selbstbestimmung führen und nicht in eine Fremdbestimmung. Dadurch, dass du deinen inneren Kanal durch deine Absicht öffnen und schließen kannst, ist es dir selbstverständlich möglich zu steuern, wann du kommunizieren möchtest und wann nicht. Es wäre völlig unangemessen, wenn du Informationen empfangen würdest, ohne sie abstellen zu können. Da Channeling erhöhter Energien und deshalb deiner bewussten Bereitschaft bedarf, ist es bei meinen Teilnehmern noch nicht vorgekommen, dass sie einen Channeling-Fluss nicht mehr abschalten konnten. Wenn ein solcher Fall wirklich einmal geschehen sollte, läge hier eine ungeklärte Opferhaltung zugrunde, die auf jeden Fall in einer Channeling- und Heilsitzung offengelegt und aufgelöst werden sollte.

Zudem kommt es natürlich auch auf die Art und Weise an, wie du Channeling erlernst. Es gibt tatsächlich die Möglichkeit, ein anderes Wesen ganz in deinen Körper hinein zu lassen, damit es durch dich Botschaften überbringt. Dabei wärst du aber in einer äußerst ungesunden Opferhaltung, denn in diesem Fall würde ein anderes Wesen ganz klar deine persönlichen Grenzen überschreiten und dich Lebensenergie kosten. Wahre Lichtwesen wie Engel, Meister und auch Naturwesen würden so etwas niemals tun, denn sie achten deine Grenzen unbedingt und dringen nicht einfach in dein Energiefeld oder deinen Körper ein. Lediglich Wesen niedriger Schwingung würden so etwas anbieten oder wagen. Es müssten allerdings schon ungünstige Resonanzen oder ungelöste karmische Verstrickungen zugrunde liegen, damit eine solche Möglichkeit überhaupt entsteht.

Wenn du auf gesunde Art und Weise channelst, wie ich es in diesem Buch vermitteln möchte, so empfängst du durch deinen aktivierten inneren Kanal einzig und allein Informationspakete und nimmst andere Dimensionen durch dein automatisch erhöhtes Bewusstsein wahr, aber du lädst bitte <u>niemals ein fremdes Wesen ein, vollständig in dich einzutreten.</u> Das ist ein gewaltiger Unterschied und sehr wichtig zu verstehen!

Das Öffnen des inneren Kanals

Der innere Kanal kann über die folgenden vier Ankerpunkte aktiviert, gehalten und stabilisiert werden:

1. Ankerpunkt – Innere Mitte
2. Ankerpunkt – Erdung
3. Ankerpunkt – Herzensebene
4. Ankerpunkt – Göttliche Quelle – Quellselbst

Durch die folgenden Beschreibungen und Aktivierungen kannst du deinen inneren Kanal kennenlernen. Über ihn wirst du die hochschwingenden Informationspakete aus der Geistigen Welt aufnehmen und automatisch übersetzen können. Erfasse die Anleitungen bitte nicht nur mit deinem Kopf, sondern spüre hinein und gib allen Assoziationen, die beim Lesen entstehen, Raum. Begleitende innere Bilder und Gefühle sind herzlich willkommen.

Setze gerne deinen Atem zur Unterstützung ein. Er stellt eine Brücke zu deiner Göttlichkeit dar. Du kannst die Energien und positiven Gefühle in die verschiedenen Bereiche deines Körpers und Energiefeldes hineinatmen.

1. Ankerpunkt: Innere Mitte
Sicherheit und Geborgenheit sind die Grundgefühle deiner inneren Mitte. Physisch ist sie im Bauch-Beckenbereich loka-

lisiert. Du benötigst sie, um dich umfassend für Channelings und auch Heilung öffnen zu können. Auch deine verletzen Anteile benötigen sie, damit sie genügend Sicherheit spüren, um Heilung überhaupt zulassen zu können. Stabil in der inneren Mitte verankert werden wir zum Fels in der Brandung, den so leicht nichts umwerfen kann. Es bedeutet, mit sich selbst und seinen inneren Kräften im Einklang zu sein und bei allem, was geschieht, einen sicheren Halt zu spüren.

Innere Sicherheit war für mich lange Zeit ein Zustand, den ich eigentlich gar nicht kannte. Ich suchte nach Sicherheit im Außen, denn anders hatte ich es nicht gelernt. Ich blieb in einem scheinbar sicheren Beruf und wenn etwas Unangenehmes geschah, hatte ich das Gefühl, als würde mir der Boden unter den Füßen weggerissen. Erst mit dem Einüben der inneren Sicherheit bekam ich wieder eine stabile Mitte, die mir half, meinen Lebensfluss auch wirklich zulassen zu können.

Wenn du Probleme hast, dich sicher und geborgen zu fühlen, so behelfe dir mit einem Trick. Denke einfach daran, dich sicher in deinem warmen Bett zu befinden oder eingehüllt in eine kuschelige Decke ganz geborgen zu sein. Spüre und halte diese Gefühle täglich ein paar Sekunden oder Minuten lang, immer mal wieder zwischendurch, und lasse dich von ihnen durchströmen. Du wirst sie über immer längere Zeiträume hinweg spüren können und irgendwann werden sie dann ständig für dich spürbar sein, denn deine Nervenbahnen verschalten sich nach wenigen Wochen neu. Auf diese Weise kannst du dir einen wunderbaren Ressourcenpool erschaffen.

Halte dich selbst in innerer Sicherheit & Geborgenheit!

☙ *Aktivierung: Innere Mitte*

Mache es dir bequem und spüre, wie dich deine Unterlage sicher hält und trägt. Hier findest du ein erstes Gefühl von Sicherheit. Nimm es ganz bewusst wahr und lasse dich davon durchströmen. Mit jedem Atemzug atmest du mehr Sicherheit durch deinen Körper.

Pause

Tauche in deine innere Seelenlandschaft ein. Sie steht für dein reiches Innenleben. Und jetzt öffnet sich vor dir der Landschaftsabschnitt deiner inneren Mitte, dein sicherer, innerer Raum. Nimm wahr, welche Landschaft sich dir spontan zeigt. Wenn das nicht klappt, dann stelle sie dir einfach vor. Vielleicht bist du ja an einem warmen Strand oder angelehnt an einen Baum, auf einem Berg, in einem Tempel, geborgen in einer Höhle oder eingehüllt in eine kuschelige Decke. Dein sicherer, innerer Raum gehört ganz allein dir. Hier gibt es nur dich und deine Beziehung zur göttlichen Quelle. Du bist vollkommen sicher und geborgen. Lasse dich dort, wo du bist, nieder und berühre den Boden mit deinen imaginären Händen. Die Berührung verstärkt den Kontakt und deine Wahrnehmungen.

Pause

Bitte nun darum, dass deine innere Wohlfühllandschaft von einem Duft durchströmt wird, der dir gut tut. Atme ihn in jede Körperzelle ein. Angenehmer Duft erfüllt dich. Ganz gleich, was auch gerade in deinem Leben geschieht oder wie unsicher dir die Außenwelt erscheint, tief in dir gibt es diesen wundervollen, sicheren Ort. Hier entspringt deine wahre, innere Sicherheit. Es gibt letztlich keine Sicherheit im Außen. Die vermeintlichen Konstanten in unserem Leben werden sich immer wieder ändern und uns vor neue Herausforderungen stellen. Die gesamte Schöpfung befindet sich in stetiger Wandlung, denn unsere Seele möchte ihre Vielfalt erkunden. Wahre Sicherheit findest du nur über dein eigenes Gefühl – dann wird diese Sicherheit sich auch in deiner erlebten Realität positiv spiegeln. Du wirst keine unsicheren Situationen mehr erleben.

Pause

Vor dir öffnet sich jetzt die Quelle deines Vertrauens. Sie hat ihren Ursprung tief in deinen Erdchakren. Aus dem lichten Quell sprudelt Vertrauen wie warmes Wasser hervor. Es steigt in deinen Körper auf und ergießt sich in deine innere Landschaft. Halte deine Hände in das lichte, warme Wasser. Spüre und nimm wahr.

Pause

Nimm die Gefühle von Sicherheit, Geborgenheit und Vertrauen wieder mit in dein Tagesbewusstsein zurück. Sie halten dich in deiner inneren Mitte.

2. Ankerpunkt: Erdung

In den Erdchakren, die unterhalb deiner Füße beginnen, benötigst du ebenfalls eine gute Verankerung. Sie stellen deine Wurzeln dar. Eine gute Erdung ist für spirituelles Wirken, für das Channeln, Heilen, Clearing und jegliche Form der Energiearbeit enorm wichtig. Wenn es daran mangelt, ist es schwierig bis unmöglich, übergeordnete Informationspakete aus der Geistigen Welt zu empfangen. Zudem können wir unsere spirituellen Zugänge und Fähigkeiten dann nicht richtig auf die Erde bringen. Wir fühlen uns unruhig, verwirrt und zerstreut und es fällt schwer, das tägliche Leben zu bewältigen. Spüre einmal selbst, wie wohlig sich die Anbindung im unteren Bereich unseres Chakrasystems anfühlt. Sperren wir uns gegen die Erfahrung des irdischen Lebens oder gegen die Materie, weil wir vielleicht alte Verletzungen in uns tragen, so mangelt es uns an Erdung und wir bekommen Schwierigkeiten, unsere Lebensschöpfungen auf der Erde zu manifestieren.

Mutter Erde kann dich liebevoll unterstützen. Die gesamte Natur ist ein direkter Ausdruck der Seele der Erde und verleiht ihr ein wunderschönes Antlitz. In ihren atemberaubenden Landschaften und Gärten, an ihren Seen und Meeren kannst du dich erholen, vitale Kraft tanken und ihre allgegenwärtige Liebe spüren. Du brauchst deine Aufmerksamkeit nur dorthin zu lenken.

Im Folgenden stelle ich dir eine Anleitung vor, dich mit Hilfe von Mutter Erde zu erden. An einem späteren Punkt deiner Entwicklung wirst du Mutter Erde wieder loslassen können, weil du gelernt hast, dich über deine Gefühle von Sicherheit, Vertrauen und Selbstliebe, über den unteren Teil deines Energiefeldes, und dein Herz in dir selbst zu erden.

✑ Aktivierung: Erdung

Atme Liebe von vorne über dein Herzchakra ein und lasse dich nach innen sinken. Mit jedem Atemzug sinkst du tiefer in deine innere Wohlfühllandschaft. Komme dort an und lasse dich nieder. Bade in den sicheren und geborgenen Gefühlen deiner inneren Mitte.

Pause

Stelle dir vor, dass kräftige Wurzeln wie die Wurzeln eines Baumes aus deinen Füßen und deinem Steißbein in die Erde hineinwachsen. Die Erdschichten werden in deiner Vorstellung durchsichtig. Beobachte, wie deine Wurzeln durch verschiedene Schichten von Felsen, Sand, Lehm, Wasserschichten und riesigen Kristallhöhlen hindurchwachsen. Stelle dir vor, dass sie sich auf den Mittelpunkt der Erde zubewegen und in Mutter Erdes lebendiges Herz eintauchen. Es leuchtet im Erdmittelpunkt in allen kristallinen Tönen von Rosa, Rot und Weiß. Mutter Erde empfängt deine Wurzelspitzen liebevoll und segnet sie. Liebe und Halt fließen deine Wurzeln hinauf, bis in deinen Körper hinein. Spüre sie in dir.

Pause

Bedanke dich bei Mutter Erde und richte deine Aufmerksamkeit wieder in den Raum zurück.

Behalte das wohlige, geerdete Gefühl bei dir und spüre die Kräftigung im unteren Teil deines Energiefeldes.

3. Ankerpunkt: Herzensebene

Im Herzen fühlst du Liebe zu dir selbst und zu Allem Was Ist sowie deine schöpferische Freude. Selbstliebe ist wahrscheinlich eine der größten Herausforderungen unseres menschlichen Seins. Sie wird viel zu oft missverstanden, als dass man sie ohne Umschweife ganz einfach fühlen könnte.

Auch ich habe lange Zeit geradezu mit ihr gekämpft, bis mir eines Tages durch eine Botschaft meiner Seele klar wurde, was Selbstliebe eigentlich ist.

Meine Seele ließ die simple Anleitung zu mir fließen, einfach nur ein sanftes Gefühl von Liebe in meinem Herzen zu spüren und es in mir schwingen zu lassen. Dies sei bereits genug.

Selbstliebe bedeutet, in allen Belangen gut für sich selbst zu sorgen und dabei auch andere Menschen und Wesen liebevoll wahrzunehmen. Das eigene Wohl darf dabei nicht vernachlässigt werden. Auf diese Weise geht es allen Beteiligten gut und wir können uns gegenseitig liebevoll unterstützen. Egoismus hingegen bedeutet, die eigenen Interessen ohne Rücksicht auf Verluste oder andere Wesen durchzusetzen.

Selbstliebe ist ein sanftes, liebevolles Gefühl in unserem Herzen und ich möchte dich gerne einladen, es durch Übung, genau wie deine innere Sicherheit, zu einem dauerhaften Zustand für dich werden zu lassen.

Unser größtes Problem ist, dass wir Selbstliebe ständig mit äußeren Bedingungen verknüpfen. So bleibt sie tatsächlich unerreichbar, denn die Bedingungen werden niemals erfüllt werden können, darum geht es auch gar nicht.

Überprüfe einmal, ob du deine Selbstliebe vielleicht an Bedingungen wie die folgenden knüpfst: »Ich kann mich erst selbst lieben, wenn ich eine Beziehung habe …, wenn ich eine Beförderung erhalte …, wenn ich mich in meinem Körper wohlfühle …« – oder bis du ein anderes, sehr genau definiertes Ziel erreicht hast.

Wenn wir Selbstliebe an solche Bedingungen knüpfen, bleibt sie natürlich unerreichbar. Wir schieben sie vor uns her wie ein Schneepflug den Schnee. Zudem geben wir dadurch unsere Eigenverantwortung für Selbstliebe ab und erfinden immer wieder neue Ausreden, sie nicht zu leben. Vielleicht waren Liebe und Zuneigung in deiner Kindheit ja an Bedingungen geknüpft und sind mit Erinnerungen an Schmerz verbunden? Vielleicht hast du nur Liebe und Aufmerksamkeit bekommen, wenn du besonders gute Leistungen erbracht oder dich an die Erwartungen anderer Menschen angepasst hast?

Doch Liebe sollte niemals an Bedingungen geknüpft sein. Wahre Liebe ist immer bedingungslos, nur leider wird sie uns meistens nicht auf diese Weise vorgelebt. Setze bitte in deinem Herzen keine Bedingungen für Liebe.

Schließe deine Augen, denke dir alles um dich herum weg und fühle jetzt einfach nur sanfte Liebe in deinem Herzen.

Jeder Mensch und jedes Wesen ist es wert, Liebe zu sein und Liebe zu empfangen, denn Liebe ist die Grundnatur der göttlichen Quelle und damit auch unsere.

❧ *Aktivierung: Herzensebene*

Richte deine Aufmerksamkeit auf dein Herzchakra in der Mitte der Brust. Stelle es dir wie eine große Blüte in den schönsten, kristallinen Facetten von Rosa und Grün vor. Lege deine Hände auf dein Herzchakra und spüre die angenehme Wärme.

Pause

Atme in deine Lungenflügel hinein und sie werden zu Flügeln deines Herzens. Dein Herz bewegt sie mit jedem Atemzug. Spüre die sanfte Liebe und Freude, die dabei entsteht, und dehne sie in deinen ganzen Körper aus.

Pause

Schreibe mit goldenen Buchstaben »Ich liebe mich« in dein Herzchakra und lasse die Worte dort schwingen. Spüre das sanfte Herzensgefühl, das dadurch ausgelöst wird. Lasse es durch deinen gesamten Körper fließen und bade in deiner Selbstliebe.

Du brauchst sie dir nicht zu verdienen, denn sie gehört dir bereits. Du brauchst nichts für sie zu tun. Spüre sie einfach nur.

Pause

Wann immer du möchtest, kannst du das sanfte Gefühl deiner Herzensliebe über deine Erinnerung aufrufen und darin baden. Indem du es fühlst, wird es zu deiner Selbstliebe und führt dich schrittweise in ihre vollkommene Integration.

Du kannst dein Herzensgefühl auch aufrufen, wenn du dich gerade schlecht fühlst. Dies widerspricht sich nicht. Hiermit kannst du deinen Ressourcenpool der positiven Gefühle weiter auffüllen. Wenn deine verletzten Anteile Liebe spüren, beginnen sie weiter zu heilen.

Bade in wunderbar heilsamer Selbstliebe!

4. Ankerpunkt: Göttliche Quelle – Quellselbst

Die göttliche Quelle kannst du über deine höheren Chakren wahrnehmen, indem du deine Aufmerksamkeit über deinen Kopf hinaus in den höchsten erreichbaren Punkt lenkst. Die göttliche Quelle ist natürlich auch in uns, sie umgibt uns, denn wir leben inmitten der göttlichen Schöpfung. Dennoch ist sie nicht unbedingt so leicht und selbstverständlich für uns zugänglich. Es hat uns niemand gezeigt, wir haben es nicht geübt und diese Verbindung vielleicht auch noch nie bewusst wahrgenommen.

Die göttliche Quelle ist bedingungslose Liebe auf der Ebene der Einheit und immerwährende kreative Schöpfung. Wie alle anderen Bewusstseinsebenen auch kann sie nur über unser Gefühl, unsere Erkenntnis und die medialen Wahrnehmungen erfahren werden. Man kann das eigene Bewusstsein ausdehnen und sie wahrnehmen.

Vielleicht kannst du sie über deinen Quellpunkt zunächst nur als diffus hell oder auch als Lichtmeer, als göttlichen Ozean oder göttliche Lichtwelten erfassen. Je weiter sich deine Bewusstseinsebenen beziehungsweise Chakren öffnen, desto umfassender und detaillierter wirst du die höheren Lichtebenen wahrnehmen können. Zu Beginn mögen sie einfach nur als undefinierbares helles Licht, als erhebendes Wohlgefühl, Leichtigkeit oder ähnliches wahrnehmbar sein. Wenn du die Quelle bereits sehr gut in dir wahrnehmen kannst, hat sich ein Teil deiner höheren Chakren schon integriert.

Unser Verstand hat sicherlich ein Problem mit der Vorstellung der Unendlichkeit und Einheit. Diese Zustände können nicht über das Denken analysiert, sondern nur direkt erfühlt oder erfahren werden. Der Verstand würde versuchen, die ihm auf der Erde wohlbekannte Linearität als Messlatte anzulegen und sich allein bei zwangsläufig aufkommenden Fragen wie »Wo endet eigentlich die Unendlichkeit?« bereits verheddern. Lineare Abläufe sind nur ein Konstrukt in der Erdenrealität, um uns Erfahrungen in einem ganz bestimmten Bezugsrahmen zu ermöglichen. Die höheren Bewusstseinsebenen sind jedoch nicht linear, sondern dehnen sich multidimensional in alle Richtungen aus. Dabei erkunden wir immer weitere der unendlichen Ausdruckspotenziale.

Ganz gleich, wie weit du dich als Mensch auch von deinem höchsten Bewusstsein entfernen haben magst, du wirst niemals die Verbindung zur Quelle oder deinem göttlichen Kern oder Funken verlieren. Wie sehr du dein göttliches Selbst auch vergessen magst, du wirst dich eines Tages auf jeden Fall wieder rückverbinden können. Dies geschieht im Aufstiegsprozess, den wir auf der Erde schon seit einigen Jahren erleben.

☙ *Aktivierung: Göttliche Quelle – Quellselbst*

Lasse dich in die Landschaft deiner inneren Mitte sinken. Sicherheit und Geborgenheit durchströmen dich. Nimm ein paar Atemzüge, bis du dort ganz verbunden bist. Dehne deine Wurzeln bis in den Erdmittelpunkt aus und lasse die Liebe von Mutter Erde deine Wurzeln hinauffließen. Erde dich gut.

Pause

Die Pforten der hochschwingenden Ebenen öffnen sich über deine Herzensliebe. Richte deine Aufmerksamkeit in dein Herzchakra, in die Mitte der Brust. Lasse ihm Flügel wachsen und spüre die sanfte Liebe in deinem Herzen.

Pause

Lenke nun deine liebevolle Aufmerksamkeit aus deinem Herzen durch deinen Kopf hinauf nach oben. Der Strom deiner Aufmerksamkeit trägt dich immer höher und am höchsten Punkt deines oberen Energiefeldes tauchst du in deinen göttlichen Quellpunkt ein, in die göttliche Quelle.

Vielleicht nimmst du die Verbindung zur Quelle als hell wahr, vielleicht bekommst du auch ein inneres Bild oder ein Gefühl. Dein Quellpunkt offenbart dein göttliches Bewusstsein außerhalb jeglicher Inkarnationen. Hier gibt es keinerlei Begrenzungen und keine Verletzungen. Lasse das Gefühl deines höchsten Quellpunktes auf dich wirken und dehne dich darin aus.

Pause

Von hier aus fließt weiß-goldenes göttliches Licht durch deine höheren Chakren hinab und über deinen Kopf in deinen Körper hinein. Atme es in dich hinein. Lasse dich erfüllen und dehne es über deine Körpergrenzen aus.

Pause

Dein göttliches Quellselbst lächelt dir zu. Nimm sein Lächeln und seine Freude wahr. Wellen bedingungsloser Liebe fließen zu dir. Was für eine große Freude!

Bitte es nun, sich innerlich vor dich zu stellen, und vertraue allen Wahrnehmungen. Es kann sich als Licht oder in einer Form zeigen. Vielleicht nimmt es die Erscheinung eines Engels für dich an. Das bist du selbst auf einer sehr viel höheren Ebene deiner Bewusstheit. Reiche deinem göttlichen Quellselbst die Hände und begrüße es. Es freut sich so sehr über den Kontakt. Spüre es durch die Berührung deiner inneren Hände und nimm seine Ausstrahlung wahr.

Pause

Bekunde nun die folgenden Grundsätze aufrichtig aus deinem Herzen in dein Quellselbst und die göttliche Quelle hinein. Erlaube, dass sie eine Grundhaltung in deinem Leben sein dürfen. Durch sie richtest du dich auf die höchsten und reinsten Schwingungsebenen aus.

- Ich öffne mich nur für die höchste, reinste Liebe und Wahrheit.
- Ich bitte, dass alles, was ich channele und tue, stets zum höchsten Wohle aller Wesen geschieht.
- Ich bitte um göttliche Führung und darum, versehentliche Manipulationen zu verhindern.

Bitte dein Quellselbst nun um eine Botschaft für dich oder stelle ihm eine Frage. Lasse die Antwort zu dir fließen.

Pause

Bedanke dich für alles, was geschehen ist. Nimm nun deinen inneren Kanal wahr.

Er läuft vertikal durch deinen Körper. Alle Chakren schwingen in ihm aufgereiht wie Perlen auf einer Schnur. Sie ergeben gemeinsam deinen strahlenden Lichtkanal. Er dehnt sich sanft über deine Körpergrenzen aus. Spüre deinen lichten Kanal.

Pause

Bitte darum, dass sich dein Kanal sanft integriert und lasse sein Bild wieder los. Richte deine Aufmerksamkeit wieder ganz in deinen Körper zurück, dehne deine Wurzeln tief in die Erde aus und erde dich gut.

Das bewusste Schließen des inneren Kanals

Wenn du ein Channeling beendet hast, so schließe deinen inneren Kanal wieder, damit du nicht zu weit geöffnet in den Tag hineingehst. Die hohen Energien werden sich durch deine Entwicklung erst allmählich integrieren.

Es ist sehr wichtig, dass du deinen inneren Kanal nach einem Channeling durch deine Absicht wieder sanft schließt und dich in deinen Körper und deine Erdung einfühlst.

Du bestimmst selbst, wann du channelst und wann nicht. Öffne deinen Kanal bewusst, wenn du channeln möchtest, indem du nacheinander in seine vier Ankerpunkte hineinfühlst und dich über sie durch den Kanal verbindest. Wenn das Channeling geflossen ist, schließe ihn wieder und richte deine Aufmerksamkeit ganz auf deinen Körper und deine Wurzeln. So bist du im Hier und Jetzt neuerlich ganz präsent.

Mit fortlaufender Integration wird der Weg des Kanals dir so sehr zur Gewohnheit, dass du ihn nicht mehr vor jedem Channeling explizit zu aktivieren brauchst. Doch gerade in den ersten Monaten möchte ich dir das gewissenhafte Üben der vier Stationen deines Kanals sehr ans Herz legen, um deinen Kanal wirklich stabil in die höchsten Ebenen hinauf ausrichten und halten zu können. Es ist wie ein inneres Bodybuilding.

Die Integration des inneren Kanals im Aufstiegsprozess

Im Zuge des verwirklichten Aufstiegsprozesses werden sich deine Erdchakren und höheren Chakren über dein Herzzentrum wieder vollständig integrieren und das sogenannte Einheitschakra bilden. Dadurch wird sich auch der innere Kanal komplett in dein Sein integrieren. Es wird kein »Oben« und kein »Unten« mehr in ihm geben. Alle Bewusstseinsebenen werden in diesem Zustand ohne besondere Einstimmung frei zugänglich sein. Dann werden wir die telepathische Kommunikation wahrscheinlich nicht mehr Channeling nennen, sondern sie wird uns wieder ganz normal erscheinen. Doch bis dahin sind wohl noch einige Entwicklungsschritte nötig und die Aktivierung und Nutzung deines inneren Kanals regt auch seine Integration an.

Durch die seit 1987 einströmenden Schwingungserhöhungen bewegt sich das Karma der Menschheit aus Kriegen, Zerstörung, Trauma, gegenseitigen Schuldzuweisungen, Hass, Verletzungen und unterdrückten Problemen sowohl im Massenbewusstsein wie auch beim Einzelnen an die Oberfläche des Bewusstseins. Es ist, als ob eine Flutwelle aus Licht unser Kellergeschoss durchspült, in dem wir unsere alten Problemkisten bislang ungeöffnet gestapelt hatten. Die Flut schwemmt alles nach oben, damit wir es erlösen und neue Wege im Einklang mit der Liebe und Allem Was Ist finden. Dies ist sicherlich sehr herausfordernd, aber zugleich ein zutiefst reinigender und notwendiger Prozess, denn solche Lasten binden uns an niedrige Schwingungen und verhindern, dass sich unser Bewusstsein in höhere Dimensionen öffnen kann.

Der Menschheit ist zunächst ein kollektiver Bewusstseinsaufstieg auf eine 5D-Ebene bestimmt. Dies ist ein erhöhter Bewusstseinszustand jenseits von Leid. Auf einer Gefühlsbasis von Liebe,

Freude und Sicherheit können wir dann ein sehr gesegnetes und glückliches Leben entfalten. Darüber hinaus können natürlich auch höherdimensionale Zustände verwirklicht werden, bis hin zur Erleuchtung, je nachdem was der Einzelne wünscht.

Durch die bereits stark erhöhten Energien können wir inzwischen schon viel leichter mit der Geistigen Welt kommunizieren. Unsere medialen Sinne machen sich bemerkbar, sie möchten erkannt und genutzt werden.

Für mich war und ist Channeling eine Grundlage, mein Leben vollständig zu verändern und eine ganz neue Welt voller Wunder und Abenteuer zu entdecken. Endlich konnte ich alle Fragen stellen und verständliche Antworten erhalten. Was für ein Segen. Und ich hatte wirklich eine Menge Fragen! Durch das Channeln hat sich bei mir Gedankenstille eingestellt, meine Hellsicht hat sich verstärkt und ich liebe es, mit seiner Hilfe die Dimensionen der Geistigen Welt zu erforschen.

6

Reinigung & Schutz

Reinigung von Fremdenergien

Als Baby nehmen wir unsere Umwelt über die Gefühlsebene wahr. Die menschlichen Sinne des Hörens, Sehens, Riechens, Schmeckens und der Tastsinn stehen zunächst noch im Hintergrund. Die Wahrnehmung über unsere Gefühlsebene, die sogenannte Hellfühligkeit oder Empathie, ist also ein ganz natürlicher Zustand, sofern sie nicht durch Verletzungen oder die übermäßige Fokussierung auf den Verstand gedeckt wird. Über unsere Empathie können wir die Atmosphäre in Räumen und die emotionalen Zustände anderer Menschen oder Lebewesen wahrnehmen.

Hierdurch geschieht es häufiger als vielleicht vermutet, dass wir Gefühle und Gedanken aufnehmen, die eigentlich zu anderen Menschen gehören. Zusätzlich zu unseren eigenen Themen werden wir dann noch mit fremden Gedanken, Gefühlen und Themen belastet. Deshalb ist die energetische Reinigung unserer Aura so überaus wichtig: Es geht darum, dass wir frei von sogenannten Fremdenergien bleiben können. Wenn wir zu viele Energien anderer Menschen oder Wesen mit uns tragen, können wir uns bedrückt und unglücklich fühlen, obwohl es nicht einmal unsere eigenen Gefühle sind.

Ein gutes Beispiel dafür ist ein Besuch in der Stadt während des größten Einkaufstrubels. Viele Menschen sind angespannt und strahlen Stress, Sorgen, Ungeduld und vieles mehr aus. Die negativen Emotionen liegen praktisch in der Luft. Begeben wir uns jetzt mit bester Laune auf einen Einkaufsausflug, stellen wir vielleicht nach kurzer Zeit fest, dass unsere gute Laune schnell in Schlechte umschlägt. In einem solchen Fall haben wir höchstwahrscheinlich negative Abstrahlungen anderer Menschen aufgenommen und empfinden sie, als seien es unsere eigenen. Ziehen wir uns dann aus der Stadt zurück, lassen wir einen großen Teil davon in den nächsten Stunden zwar von selbst wieder los, trotzdem können noch genügend bei uns verbleiben, um es uns einige Stunden schlecht gehen zu lassen. Eine unbewusste Beeinflussung ist entstanden.

Für die unfreiwillige Aufnahme von Fremdenergien müssen wir nicht einmal zur Hauptsaison in die Stadt gehen. Auch in einem kleineren Kreis von Menschen können wir, an beliebigen Orten, mit Fremdenergien in Kontakt kommen und sie unbewusst einfach mit uns nehmen. Besonders Menschen in pflegenden, therapeutischen oder sozialen Berufen sowie in großen Büros, Krankenhäusern, Ämtern und ähnlichem sind sehr großräumigen und starken Gefühls- und Gedankenfeldern anderer Menschen ausgesetzt.

In diesem Falle ist eine energetische Reinigung überaus empfehlenswert, um sämtliche fremden Energien und Gedanken wieder aus deinem Energiefeld zu entlassen, damit du dich wieder wie du selbst fühlen kannst. Auch die regelmäßige energetische Reinigung deiner Wohn- und Arbeitsräume sollten wie die tägliche Körperpflege zu deinen guten Angewohnheiten gehören. Sie ist äußerst hilfreich und ein ganz wichtiger Bestandteil von professionellen Channeling-, Heil- und Clearingsitzungen.

Wie reinige ich mich?

Es gibt mehre Arten, sich energetisch zu reinigen. Ich möchte dir an dieser Stelle eine sehr wirkungsvolle Methode mit der weiß-violetten Flamme vorstellen. Die Flamme ist der Ausdruck von Transformations- und Reinigungskräften. Du kannst sie dir als Flamme oder auch als Windhose vorstellen. Diese Bilder passen zur Dynamik ihrer Kräfte.

Die weiße Flamme stellt eine klärende und die violette Flamme eine transformierende Kraft dar. Beide wirken auf unterschiedlichen Ebenen und ergeben zusammen ein kraftvolles Team. Sie wurden mir in dieser Form des Zusammenwirkens von meinen geistigen Helfern vorgeschlagen. Als vereinte weiß-violette Flamme dient sie dazu, fremde Emotionen und Gedankenformen aus deiner Aura oder aus deinen Räumen zu entfernen. Sie ist jedoch nicht geeignet, um Seelen von Verstorbenen, die noch erdgebunden geblieben sind, ins Licht zu bringen. Hierbei handelt es sich um eine Besetzung und diese wäre nur über ein sogenanntes Clearing, das liebevolle Begleiten der Seelen von Verstorbenen in die Lichtdimensionen des Jenseits, zu klären.

Die hier vorgestellten Herangehensweisen sind Vorschläge von mir, die ich auch selbst anwende. Natürlich gibt es noch weitere Möglichkeiten zur Reinigung von Energiefeldern und Räumen. Finde die für dich passende Möglichkeit.

Die weiße Flamme der Reinigung

Die Kraft der weißen Flamme wirkt reinigend und klärend. Sie erfasst Emotionen und Gedanken von fremden Personen und Wesen und sorgt dafür, dass sie in gereinigter Form dorthin zurückkehren, wo sie tatsächlich hingehören.

Sie ist eine universelle Kraft und wird von Erzengel Gabriel wie auch Engeln der Reinigung begleitet.

Die violette Flamme der Transformation

Die violette Flamme wandelt festgefahrene Muster und Strukturen so, dass Raum für Neues entsteht. Auch sie ist eine universelle Kraft, die vom Aufgestiegenen Meister Saint Germain wie auch Engeln der Transformation begleitet wird.

Einweihung: Die weiß-violette Flamme

Bitte die göttliche Quelle aus deinem Herzen heraus um Einweihung in die Kräfte der weißen und der violetten Flamme.

Atme Liebe durch dein Herzchakra ein und entspanne dich. Lasse dich in die Geborgenheit deiner inneren Mitte sinken. Warte einen Moment, bis du ganz in dir angekommen und mit deinem Gefühl verbunden bist.

Pause

Lege deine Hände aneinander und forme sie zu einer Schale. Richte deine Aufmerksamkeit auf die göttliche Quelle und bitte sie, die weiße Flamme der Reinigung nun in deine Hände zu legen. Nimm wahr, wie sie in die Schale deiner Hände fließt, und spüre die Flamme.

Spüre ihre Kraft, bis du dich ganz mit ihr verbunden fühlst. Lege sie danach einfach in dein Herzchakra.

Pause

Forme deine Hände erneut zu einer Schale und bitte die göttliche Quelle, nun auch die violette Flamme der Transformation in deine Hände zu legen. Nimm wahr, wie sie in die Schale deiner Hände fließt, und spüre sie. Spüre ihre Kraft, bis du dich ganz mit ihr verbunden fühlst. Nimm den Unterschied zur weißen Flamme wahr, beide schwingen ganz verschieden. Lege jetzt die violette Flamme in dein Herzchakra, damit sich die Energien integrieren können.

Pause

Stelle dir vor, wie sich beide Flammen zu einer großen weiß-violetten Flamme vereinen.

Bedanke dich und kehre wieder ins Hier und Jetzt zurück. Wenn du auf die jeweiligen Kräfte dieser Flammen eingestimmt bist und sie spüren kannst, werden sie deiner Bitte jederzeit augenblicklich folgen. Du kannst deine Aura und deine Räume dann mühelos mit ihnen reinigen.

Anwendung der Flammen

Stelle dir die weiße und die violette Flamme jetzt als eine vereinte weiß-violette Flamme vor.

Bitte sie, alle Energien, die nicht in deine Aura oder deine Räume gehören, zu reinigen und zu transformieren und sie dorthin zu bringen, wohin sie gehören, in Liebe. Wohin genau die gereinigten Energien dann zurückkehren, kannst du der göttlichen Intelligenz der Flammen überlassen.

Anleitung: Reinigung der Aura

1. Setze dich oder stelle dich hin und erde dich gut. Visualisiere die weiß-violette Flamme in einer ausreichenden Größe vor dir, so dass du dich ganz in sie hineinstellen oder hineinsetzen kannst. Spüre die Flamme.
2. Bitte sie, deine Aura von allen Fremdenergien zu reinigen, die nicht zu dir gehören. Bitte sie, dass diese Fremdenergien transformiert werden und in gereinigter Form dorthin zurückkehren, wo sie hingehören, in Liebe.
3. Stelle dir vor und spüre, wie die Kräfte der Reinigung und Transformation in deiner Aura wirken und alle Fremdenergien mit sich nehmen. Warte, bis du das Gefühl hast, dass alles geschehen ist. Bedanke dich und verabschiede dich.

Auf diese Weise kannst du deine Aura, wie auch die deines Klienten, reinigen. Wichtig: Wenn du einen anderen Menschen mit der Flamme reinigst, sollte er auf jeden Fall darüber informiert und damit einverstanden sein, denn sonst bewegst du dich in einem manipulativen, einmischenden Bereich. Wenn du deine Kinder unter achtzehn Jahren oder jemanden, der beispielsweise im Koma liegt, reinigen möchtest, dann channele die göttliche Quelle, ob eine Reinigung auch ohne bewusstes Einverständnis von dir durchgeführt werden darf. In den allermeisten Fällen wird es in Ordnung sein. <u>Bitte stets um göttliche Führung und darum, dass nur das geschieht, was zum Höchsten Wohle Aller richtig ist.</u>

Anleitung: Reinigung von Räumen

1. Stelle dich mit gutem, festem Stand, die Füße hüftbreit auseinander, auf den Boden und erde dich gut.

2. Stelle dir die weiß-violette Flamme in einer ausreichenden Größe vor und lasse sie sich durch den Raum bewegen oder ihn vollständig ausfüllen. Bitte sie deinen Raum von allen Fremdenergien zu reinigen, die dort nicht hingehören.

3. Stelle dir vor und spüre, wie sie als große Flamme oder Windhose durch den Raum wirbelt und alle Fremdenergien mit sich nimmt. Bitte darum, dass die Fremdenergien transformiert werden und in gereinigter Form dorthin zurückkehren, wo sie hingehören, in Liebe. Bedanke dich und verabschiede dich.

Auf diese Weise kannst du einzelne Räume, deine Wohnung oder dein Haus energetisch reinigen. Selbst liebe Freunde können bei ihrem Besuch unbeabsichtigt emotionale Abstrahlungen in deiner Wohnung zurücklassen, vor allen Dingen, wenn ihr über Probleme gesprochen habt.

Wichtig: Bei Gemeinschaftsräumen, wie beispielsweise auf der Arbeit, reinige bitte nur deinen eigenen Arbeitsplatz, so dass du nicht in den Raum anderer Menschen eingreifst, die nicht mit einer Reinigung einverstanden wären oder nichts davon wissen. In einem großen Mietshaus kannst du selbstverständlich die von dir bewohnte Wohnung reinigen, aber reinige nicht das ganze Haus. Bei Hotelzimmern und Hotelbetten ist eine energetische Reinigung immer sehr empfehlenswert, ich denke, du kannst dir selbst vorstellen, warum. Solange du einen Raum für dich gemietet hast und dich darin aufhältst, darfst du ihn grundsätzlich auch energetisch reinigen.

Bitte stets um göttliche Führung und darum, dass nur das geschieht, was zum Höchsten Wohle Aller richtig ist.

Anleitung: Reinigung von Gegenständen

Auch Gegenstände nehmen die Energien ihrer Besitzer und Benutzer auf. Wenn du gebrauchte Gegenstände kaufst oder übernimmst, möchte ich dir sehr ans Herz legen, sie mit der weiß-violetten Flamme zu reinigen, damit ihre Energien wieder klar sind. Bei einem Stapel Bücher oder einer Anzahl Gegenständen ist es nicht erforderlich, jedes Teil einzeln zu reinigen, stelle dir einfach eine ausreichend große weiß-violette Flamme vor, die alles gleichzeitig erfasst.

Göttlicher Schutz

Für energetischen Schutz kannst du die göttliche Quelle um goldenen, göttlichen Lichtschutz bitten. Stelle dir vor und bitte darum, dass dich goldenes schützendes Licht aus der Quelle umfließt und einhüllt.

Spüre seine Energie. Bitte darum, dass der Schutz für die nächsten Stunden oder den Rest des Tages, je nachdem wie du ihn benötigst, für dich aktiv bleibt.

Generell solltest du immer folgende Absichten festlegen: Der goldene Schutz soll dich auf keinen Fall abriegeln oder isolieren. Alle förderlichen Energien sollen dich nach wie vor erreichen, alle störenden Energien hingegen in Liebe fernbleiben. Gehe dabei bitte nicht in eine Haltung der Abwehr, denn sonst würdest du gemäß dem Resonanzgesetz nur noch mehr unangenehme Energien anziehen.

Ein weiterer wunderbarer Schutz besteht darin, Erzengel Michael oder deinen Schutzengel zu bitten, dich in ihre großen, behütenden Flügel einzuhüllen. Das ist ebenfalls energetischer Schutz. Du kreierst bei energetischem Schutz aber immer auch eine Ebene von Trennung, denn wenn du dich schutzbedürftig fühlst, ist noch nicht genug innere Sicherheit vorhanden, es gibt dann irgendwo einen Teil in dir, der weiterhin glaubt, etwas wäre feindselig. Manche missbrauchen energetischen Schutz sogar als Versteck. Das solltest du auf keinen Fall tun, sondern energetischen Schutz allenfalls vorübergehend und selten einsetzen. Deine innere Sicherheit kannst du durch die Übung zur Inneren Mitte sehr gut aufbauen und stärken. Kümmere dich liebevoll um deine noch verletzten Anteile.

Vielleicht hast du auch nur in bestimmten Situationen das Gefühl, du brauchst Schutz. Dann ist die Frage, in welchen Situationen. Fühlst du dich zum Beispiel in einer akuten Phase verletzlich und gehst in diesem Zustand auf eine große Party, kann ein vorübergehender energetischer Schutz durchaus sinnvoll sein. Völlig unangemessen wäre es jedoch, ohne Schutz nicht mehr aus dem Haus zu gehen.

Wenn wir hochschwingende Lichtwesen channeln, so benötigen wir keinen Schutz, da sie vollkommen reine Bewusstseinsebenen verkörpern. Aus eigener Erfahrung kann ich sagen, dass nicht verheilte innere Wunden und karmische Verstrickungen gemäß dem Resonanzprinzip immer wieder Unangenehmes anziehen können. Dort hilft leider auch kein energetischer Schutz, sondern nur die eigene Klärung.

Unsere Entwicklung und vor allem auch der Weg als Channelmedium, Heiler oder Therapeut sollte von der ständigen Bereitschaft zur Selbstklärung begleitet sein.

Ich selbst habe bei meinen Tätigkeiten noch nie energetischen Schutz verwendet, sondern bin dem Rat meiner geistigen Führung gefolgt und habe meine inneren Wunden erlöst. Die Eigenklärung ist letztlich die sicherste Form des Schutzes, denn wenn wir keine Resonanzfläche aus nicht verheilten Verletzungen mehr bieten, können sich auch keine Fremdenergien anhaften. Sie finden dann keinen Ankerpunkt mehr in uns und würden wie ein Stein durch eine Wolke fallen.

Durch den korrekten Anschluss eines hochschwingenden Kanals entsteht ein derart hoher Bewusstseinsraum, dass du während eines Channelings automatisch in ihm geschützt bist. Dort können sich dann auf gar keinen Fall negativ ausgerichtete Wesenheiten einmischen.

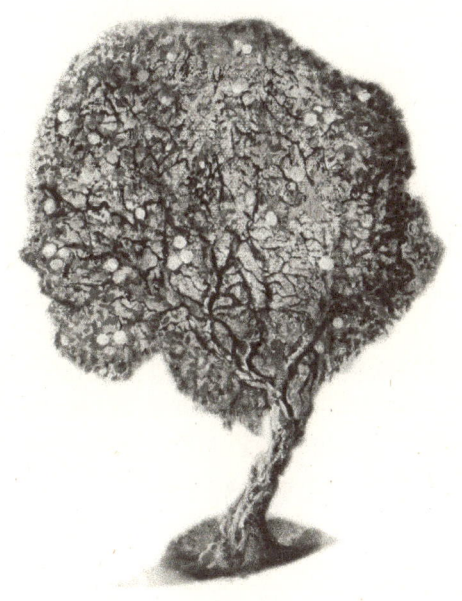

7

Dein Schutzengel

>>Dein Schutzengel hat die Aufgabe, das Wachstum
deiner Seele anzuregen und dein Leben zu
beschützen. Seine liebevollen Flügel behüten und
stärken dich.<<

Viele Engel mit vielen Aufgaben

Das Wort Engel bedeutet »Bote« oder »Gesandter«. Sie verkörpern reine göttliche Qualitäten und es ist ihnen eine Freude, sie
an uns zu übermitteln. Engel wirken im gesamten Universum,
ihre Energie ist allgegenwärtig und ihr Sein von purer göttlicher
Liebe und Glückseligkeit erfüllt. Sie existieren in den feinstofflichen Dimensionen und zeigen sich den Menschen gerne figürlich
mit Flügeln, damit wir sie besser verstehen können. Ihre Flügel

bestehen aus den Licht- und Farbausstrahlungen ihrer Qualitäten. Ebenso können Engel aber auch als farbiges Licht, Lichtkugel oder auf andere formlose Weise erscheinen.

Engel begleiten Schöpfungsprozesse. Sie unterstützen die göttliche Ordnung, lenken Energien und geben Leitimpulse für die Entwicklungsphasen einzelner Wesen und der Menschheit. Dabei gibt es die verschiedensten Arten von Engeln, vom Schutzengel, Erzengel über die Engel der Natur, die Elohim, Cherubim, Seraphim bis hin zu den Thronengeln und vielen weiteren. Sie besitzen ganz unterschiedliche Qualitäten, die sich in entsprechenden Aufgabengebieten zeigen. Naturengel zum Beispiel unterstützen die Kräfte der Natur auf der Erde, während die Seraphim im reinsten Licht der göttlichen Liebe förmlich brennen und diese Liebe in die Welten tragen. Die Elohim sind Erbauer der Form und begleiten Schöpfungsimpulse von der Idee über die Energie in die Materie hinein, während die Erzengel die Geschicke der Menschheit betreuen. Neben den übergeordneten Aufgaben der genannten Engelgruppen gibt es noch unzählige »kleinere« Helferengel wie Engel der Liebe, des Friedens, der Kommunikation, der Freundschaft und viele andere mehr, die einzelne Menschen bei den diversen Themenbereichen unterstützen.

Die Engelgruppen haben zwar verschiedene Aufgabengebiete, aber kein Engel ist deshalb bedeutsamer als ein anderer. Ihre Tätigkeitsbereiche reichen von der Einzelbetreuung von Menschen, Tieren, Pflanzen und jeglichen Wesen bis hin zur Lenkung universeller kosmischer und göttlicher Schöpfungsprozesse. Wenn neue Welten entstehen, begleiten Engel die schöpferischen Impulse in die unterschiedlichsten Formen hinein.

Es wurden bereits unzählige Bücher über Engel geschrieben, die in diesem Universum einfach eine Brücke zwischen den Menschen und der göttlichen Quelle darstellen. Sie helfen uns von Herzen gerne, und ich kann dir aus eigener Erfahrung versichern, dass sie wirklich immer zu uns kommen, wenn wir sie rufen. Die Frage ist dann lediglich, ob wir sie auch wahrnehmen können. Wenn du einen Engel zu dir bittest und scheinbar nichts passiert, dann kannst du dir trotzdem sicher sein, dass er da ist, du kannst ihn nur eben nicht wahrnehmen. Keine Bitte ist zu groß oder zu klein für Engel.

Du kannst sie nicht überlasten, denn sie verkörpern eine Bewusstseinsebene, auf der das nicht möglich ist.

Ein Engel von besonderer Bedeutung ist dein Schutzengel. Er ist ausschließlich für dich und keinen Menschen sonst zuständig. Von deiner Geburt bis zum Ende deiner Inkarnation bleibt er an deiner Seite und geht nach deinem Ableben gemeinsam mit dir in die Geistige Welt zurück. Von allen geistigen Helfern ist er wahrscheinlich am besten mit dir vertraut.

Da er sich schon immer an deiner Seite befand, nimmst du ihn vielleicht gar nicht bewusst wahr. Dabei weißt du überhaupt nicht, wie du dich ohne ihn fühlen würdest. Er hat teil an all deinen Erfahrungen und schreitet dadurch in seiner eigenen Entwicklung voran. Durch seine Aufgabe erfährt er vor allem eine Schulung in Mitgefühl und Liebe.

Die Verbindung mit deinem Schutzengel ermöglicht dir ein schnelleres Wachstum hin zu deiner Seele. Sie fördert auch deine Intuition und erleichtert deinen Zugang zur Geistigen Welt. Außerdem unterstützt diese Verbindung wirkungsvoll die Heilung unseres inneren Kindes sowie Clearings.

Ich kann bei meiner Arbeit deutlich wahrnehmen, dass bei der Öffnung eines Lichtportals während eines Clearings sofort die Schutzengel der anhaftenden Seelen ausströmen und helfen, diese Seelen ins Licht zu begleiten.

Dein Schutzengel ist nicht gekränkt, wenn du dich nicht mit ihm befasst. Sein Wesen kennt nur bedingungslose Liebe und das mitfühlende Wirken in der göttlichen Liebe. Er hält sich solange im Hintergrund, bis du ihn bewusst bittest, dir zu helfen, denn wie alle geistigen Helfer achtet er deinen freien Willen und darf unaufgefordert nicht agieren.

Deshalb ist es auch nötig, deine Engel und Helfer bei jedem Anliegen erneut um Unterstützung zu bitten.

Geduldig wartet der Schutzengel, bis du Kontakt zu ihm aufnimmst. Er bekleidet von allen geistigen Helfern eine Sonderposition, weil er neben der Begleitung und Beratung seines Menschen noch den ganz speziellen Auftrag hat, dein Leben zu beschützen, wenn es vor Ablauf seiner Zeit bedroht ist. In diesem Fall darf er auch unaufgefordert eingreifen.

Dein Schutzengel wird dir in einer Form erscheinen, die du am besten annehmen kannst. Engel sind ihrem Wesen nach androgyn und entscheiden selbst darüber, ob sie dich besser in ihrer männlichen oder weiblichen Form unterstützen können.

Kinder haben oft noch einen wachen, intensiven Kontakt zu ihrem Schutzengel und anderen Begleitern aus der Geistigen Welt. Dies sind die »imaginären Freunde«. Im Laufe des Heranwachsens, wenn sich unser Bewusstsein mehr auf den Verstand fokussiert und das Vergessen um die Seele und die Geistige Welt größer wird, verliert sich leider zunächst auch der Kontakt zu unseren Schutzengeln. Vielleicht kannst du dich noch erinnern, in deiner frühen Kindheit Engel wahrgenommen zu haben. Zum Glück haben Kinder in der heutigen Zeit häufig einen viel besseren »Draht« zu ihren Engeln und Begleitern aus der Geistigen Welt. Sie können ihre Zugänge auch beibehalten, wenn sie älter werden. Das liegt an den bereits angehobenen Energien auf der Erde, die seit 1987 im Zuge des Aufstiegsprozesses der Menschheit verstärkt zur Erde strömen und die Trennungsschleier immer weiter aufheben. Menschen, die vor dieser Zeit geboren wurden, konnten in der Dichte der alten

Energien ihre medialen Zugänge meist nicht so gut beibehalten und es war ihnen nur unter Mühen möglich, sie wiederzuerwecken. Das wird nun zunehmend leichter.

Dein Schutzengel liebt dich bedingungslos, ganz gleich was du tust, denkst oder fühlst. Er entwickelt sich gemeinsam mit dir und hat den klaren Auftrag, dich in deinem Wachstum hin zu deiner Seele zu unterstützen und jederzeit dein Leben zu beschützen. Danke deinem wunderbaren Schutzengel einmal für seinen unermüdlichen Einsatz.

Liebevoll an ihn zu denken und ihn wahrzunehmen, intensiviert den Kontakt. Dein Schutzengel hilft dir möglicherweise schon seit vielen Inkarnationen, die Herausforderungen deines Lebens zu meistern und eines Tages zu erkennen, dass auch du von göttlicher Natur bist. Feiere das Geschenk deines Lebens gemeinsam mit deinem Schutzengel.

Wann immer du magst, kannst du ihn bitten, dich in seine flauschigen, behütenden Flügel einzuhüllen. Dies ist eine sehr wohltuende Erfahrung voller Geborgenheit.

Einstimmung: Botschaft von deinem Schutzengel

Für dieses Buch wurde mir vom vereinten Bewusstsein der Schutzengel ein sehr berührendes Channeling gegeben. Es ist von Energien erfüllt, welche dir helfen sollen, dich auf deinen persönlichen Schutzengel einzustimmen. Schiebe also jetzt deine Gedanken beiseite und lasse die folgenden Worte auf den Grund deines Herzens sinken. Durch die liebevolle Schwingung des Channelings kannst du üben, deinen Schutzengel zu spüren. Notiere dir vorab gerne Fragen, die du ihm stellen möchtest, und lege dir Schreibblock und Stift bereit, um im Anschluss gleich Antworten von ihm aufzuschreiben.

Dieses Channeling ist aus dem vereinten Bewusstsein der Schutzengel geflossen, doch dein Schutzengel tritt aus dem »Wir« als »Ich« hervor, um dich persönlich anzusprechen.

Tiefe Liebe erfüllt nun den Raum. Es ist die Liebe der Schutzengel, die immer für euch da sind und die euer Sein auf Erden begleiten. Es ist die Liebe deines persönlichen Schutzengels, der immer für dich da ist und der dein Sein auf Erden die ganze Zeit begleitet. Mit seiner Liebe für dich ist er hierhergekommen, um dich im Herzen zu berühren.

Wir sind die Stimme der Schutzengel. Wir kennen dich vom Anbeginn der Zeit. Unsere Seelen schwingen gemeinsam und schon lange Zeit sind wir befreundet.

Durch die Zeiten tanze ich mit dir. Ich, dein Schutzengel. Es ist ein so wundervoller Tanz. Ich erlebe, was auch du erlebst. Ich lerne, wenn du lernst. Wenn du lachst, so lache auch ich, wenn du weinst, so fühle ich mit dir. Ich bin dicht an deiner Seite und stets im tiefsten Mitgefühl, besonders in Zeiten, in denen es dir nicht gut geht. Dann sitze ich neben dir, wenn du mich brauchst, und habe teil an deinen Tränen. Und wenn die Wolken vorübergezogen sind, tanze ich voller Freude mit dir, denn dann umarmst du dein Leben wieder.

Nicht immer kann ich dich erreichen. Ist dein Herz verschlossen und dein Verstand zu aktiv, vermögen meine Schwingungen und Flügel dich nicht zu berühren. Am leichtesten kann ich bei dir sein, wenn du dein Gefühl für mich öffnest. Ich freue mich, wenn du mich bemerkst, doch soll es kein Anspruch sein, denn meine Liebe zu dir kennt keine Bedingungen.

Mein Bewusstsein befindet sich außerhalb jeglicher Bewertung und in der reinen Liebe für dich. Ich dränge dich nicht und kenne keine Ungeduld. Ich bin einfach für dich da, ganz gleich ob du verharrst oder bereit bist, den nächsten Schritt zu gehen.

Wenn du mit mir sprichst, ist mir kein Anliegen zu groß oder zu klein. Ich habe eingewilligt, dich zu begleiten, aus tiefster Liebe heraus, und es ist so, dass wir auf unserer Reise gemeinsam wachsen und lernen. Fühle dich frei und geliebt, dies ist mein höchster Wunsch.

Ich achte deine Freiheit, gesunde Schritte wie auch vermeintliche Fehler machen zu dürfen. Doch sind Fehler wahrhaftig Fehler? Wächst du nicht an ihnen? Geben sie dir nicht die Möglichkeit, etwas zu erkennen und es dann zu verändern?

Das nennt sich Wachstum.

Die Energien auf der Erde sind sehr herausfordernd und selbst die weisesten Seelen können sich hier so sehr vergessen, dass sie menschliche »Fehler« begehen. Sei deshalb auch du mitfühlend mit dir. Vergib dir, was in deinem Leben geschehen ist, wenn es dir nicht gefallen hat. Spüre deine Selbstliebe und entscheide dich, dein Leben so zu leben, wie es dich erfüllt. Dabei helfe ich dir. Das ist mein Auftrag, den ich angenommen habe. Er macht auch mich glücklich. Er erfüllt mich und verbindet mich mit der göttlichen Liebe meines Seins. Das ist unsere gemeinsame Verabredung.

Ich bin zur Stelle, wann immer du mich brauchst. Es gibt für mich keine Zeit und keinen Raum zu überwinden, um bei dir zu sein. Mein Bewusstsein bewegt sich außerhalb der Grenzen von Zeit und Raum, wie du sie kennst.

Dein Ruf erreicht mich unmittelbar. Mein Bewusstsein umgibt dich, um meine Aufgabe in Liebe zu erfüllen.

Erinnere dich, wie wir beisammengesessen haben. Wir haben gemeinsam betrachtet, was du auf der Erde erleben wolltest und was sich aus deinen Vorhaben, Gefühlen und Absichten ergeben könnte. Wir haben mögliche Entwicklungen angesehen und deine Potenziale. Wir haben zusammen gelacht und du warst voller Vorfreude auf dein kommendes Leben.

Erinnere dich an die vibrierende Freude, mit der du zur Erde gekommen bist. Als wir einst beisammensaßen und auf die Erde geblickt haben, erfüllte dich große Freude und tiefste Berührung angesichts ihrer vollkommenen Schönheit. Du hast ihre Farben erblickt und deine Seele war berührt. Du hast ihre lebendigen Energien und die Begegnungen gespürt und deine Seele war entflammt. Dein Herz sehnte sich danach, in die Schönheit ihrer Landschaften einzutauchen und sie zu erleben. Dein Körper schenkt dir jetzt die Möglichkeit, Teil dieser lebendigen Erfahrung zu sein. Daran möchte ich dich erinnern, während wir nun gemeinsam auf die wunderschöne Erde blicken.

Spüre den Funken deiner Lebensfreude in dir, ich lege ihn direkt in dein Herz.

Löse deine Lebensfreude von allen Belastungen, die dich vielleicht noch bedrücken. Auch wenn Sorgen da sind, so ist es doch möglich, deine Aufmerksamkeit von der Last zu lösen und freudige Leichtigkeit zu fühlen. Erlaube nicht, dass das Leben dich zu sehr beschwert.

Du bist *für dich* zur Erde gekommen. Es ist *dein* wundervolles Leben. Wenn du es zulässt, dass dich Negativität übermannt, wird es schwierig, deine Möglichkeiten auszukosten, denn dann bleiben die Türen verschlossen.

Nimm deine Herausforderungen an und wann immer möglich erlaube dir, losgelöst von allem, Liebe und Freude in dir zu fühlen. Diese Gefühle sind dein Ursprung und werden dich kraftvoll unterstützen.

Wir sind gute Freunde und du hast mich in den Plan deines Lebens eingeweiht. Ich begleite dich schon seit langer Zeit und durch viele Leben hindurch.

Und so bin ich auch jetzt bei dir und stolz auf dich, denn du hast bereits so vieles erlebt und gemeistert. So vieles ist schon vollendet und du erreichst immer mehr Freiheit.

Meine Impulse fließen über Ideen und Gefühle zu dir. Meine Botschaften sind sanft und meine Inspirationen bleiben häufig unbemerkt. Achte auf deine Gefühle und Impulse, welche Schritte sich in deinem Leben gut anfühlen, und vertraue ihnen. Hier spricht die Stimme deiner Seele und auch deiner Inspiration.

Manchmal überbringe ich Botschaften durch andere Menschen an dich, durch Bücher, Schlagzeilen in Zeitungen oder Gedichte, die dich berühren. Ich gebe dir Hinweise, wann immer es möglich ist und es dich nicht über das gewünschte Maß hinaus beeinflusst.

Mein Mitgefühl ist wahrhaftig. Ganz gleich, wie traurig du bist, und wenn auch verzweifelt, ich bin der Fels in der Brandung für dich. Ich spüre deinen Schmerz, doch er vereinnahmt mich nicht. Er nimmt mich nicht gefangen, sonst würden wir beide in der Schwere versinken. Du kannst dich anlehnen und selbst die dunkelste Zeit ist einmal vorbei.

Auch deine höchsten Gefühle und Freuden darf ich mit dir erleben und feiere sie. Alles, was du erlebst, erlebe ich nicht am eigenen Leib, doch kann ich daran ebenfalls wachsen, in vielerlei Hinsicht. Auch ich entwickle weitere Farben der Liebe und des Mitgefühls, der Weitsicht und Weisheit und lerne, Energien auszugleichen. Ich bin bei dir zu jeder Zeit und meine Liebe fließt unendlich.

Ich bin an deiner Seite, vielleicht kannst du mich fühlen.

Wenn du möchtest, lege ich meine Hände nun auf deine Schultern und übermittle meine wärmende Liebe. Meine Flügel umarmen dich und hüllen dich ein. Überlasse dich deinem Gefühl und spüre meine Umarmung.

Wann immer du dich fürchtest oder in einer einsamen Gegend bist, kannst du dich in meine Flügel einhüllen und meinen Schutz spüren. Wäre dein Leben bedroht, ohne dass deine Lebenszeit vorüber ist, so griffe ich ein. Ich bin sofort da. Es sind meine Flügel, die deinen Sturz dämpfen.

Dinge, die geschehen müssen, kann ich nicht verhindern, doch ich versuche sie so gut wie möglich zu erleichtern. Du bist auf dem Weg, die Verantwortung für dein Leben selbst anzunehmen, und diese Verantwortung ist leicht, denn sie sorgt dafür, dass es dir gut geht.

Lehne dich an und spüre, dass ich bei dir bin. Ganz nahe bei dir. Durch die Energien dieser Worte bist du mit mir verbunden.

Übung: Channeling mit deinem Schutzengel

Durch das Lesen des Channelings kannst du die Liebe deines Schutzengels spüren. Vielleicht hast du bereits spontan eine Eingebung bekommen, wie er aussieht und ob er sich dir in männlicher oder weiblicher Form zeigt. Vertraue allen spontanen Eindrücken und nimm sie als Wahrnehmung an.

Bitte nun, dass sich dein Schutzengel vor dich stellt, so kannst du ihn noch einmal besser wahrnehmen.

Bitte ihn, dein Herz mit seiner Hand zu berühren, und stelle es dir vor. Spüre zu ihm hin:

Erscheint er dir männlich oder weiblich?

Wie groß ist er?

Welche Kleidung trägt er?

Welche Farben strahlt dein Schutzengel aus?

Wie sehen seine Flügel aus?

Pause

Bleibe über dein Gefühl mit deinem Schutzengel verbunden, stelle ihm deine Fragen und schreibe auf, was zu dir fließt.

Pause

Die Flügel deines Schutzengels verkörpern Liebe, Balance, Schutz und Mitgefühl. Bitte ihn und stelle dir vor, dass er dich jetzt in seine behütenden, flauschigen Flügel einhüllt. Du fühlst dich darin vollkommen geborgen. Wann immer du in einer fremden Gegend Angst bekommst oder Schutz benötigst, kannst du ihn darum bitten und es dir bildlich vorstellen. Spüre, wie wohlig geborgen du darin aufgehoben bist.

Bedanke dich bei deinem Schutzengel und verabschiede dich.

8

Reine Quellen für Channelings

>>Lass den Himmel sich auf der Erde widerspiegeln,
auf dass die Erde zum Himmel werden möge.<<
– Rumi –

Woran erkenne ich reine Botschaften?

Reine Channelings berühren das Herz und die Seele des Emp-
fängers. Ihre tiefe Wahrheit wird spürbar. Reine Botschaften
aus den hohen Ebenen der Geistigen Welt sind stets von Liebe,
Achtsamkeit und Mitgefühl durchflossen. Sie schwingen in
unseren Herzen und fühlen sich stimmig an. Auch wenn man
die Inhalte vielleicht zunächst vom Kopf her nicht vollständig

verstehen kann, stellt sich beim Lesen oder Hören doch das Gefühl ein, dass hier eine tiefe Wahrheit geschrieben steht oder ausgesprochen wird.

In reinen Channelings werden niemals Vorschriften gegeben, es gibt kein »Du musst …« und bei Entscheidungen werden Wahlmöglichkeiten vorgestellt. Tauchen in Channelings angstmachende Äußerungen, Begrenzungen oder gar Einschüchterungen auf, sind es keine reinen Channelings. Dann haben sich entweder nieder ausgerichtete Wesenheiten oder verletzte Anteile des Channelnden eingemischt.

Es gibt aber auch Botschaften mit zunächst wohlklingend erscheinenden Worten, die manipulierende Energien oder unwahre Aussagen beinhalten. Nicht alle unreinen Botschaften sind einwandfrei an der Wortwahl zu erkennen. Unreine Botschaften enthalten niedrige Schwingungen und erzeugen unstimmige und ungute Gefühle. Dort wurden unstimmige Quellen oder verletzte Seelenanteile gechannelt.

Vertraue bitte immer deinen stimmigen Herzensgefühlen und lege Texte beiseite, wenn sie sich unstimmig für dich anfühlen. Bitte deine innere Führung, dich spüren zu lassen, ob ein Channeling rein ist oder nicht.

Du kannst die Wahrheit und Stimmigkeit eines Channelings nur über dein Herzensgefühl wahrnehmen und erkennen.

Reine Quellen für Channelings

Die folgenden Beschreibungen der Auskunftsquellen für Channelings bitte ich ohne jegliche Wertung zu verstehen. Alle Wesen stammen aus der göttlichen Quelle und sind von Natur aus in ihrem Kern rein. Negative Gesinnungen und Manipulationen stammen ausschließlich aus inneren Verletzungen oder den

Rollen in ihren Inkarnationen und sind stets ein vorübergehender Zustand. Trotzdem ist es sehr wichtig, die Unterschiede zu kennen, damit wir wissen, ob es sich um reine, vertrauenswürdige Quellen handelt, die uns in höchster Liebe und Wahrheit antworten, oder eben nicht.

Dies ist ein ganz entscheidender Punkt, denn wir möchten ja wahre, hilfreiche Botschaften erhalten und unwahre, verwirrende Aussagen auf jeden Fall vermeiden.

In den Schöpfungswelten existieren nicht nur Seelen, die sich gerade in einem licht- und liebevollen Ausdruck befinden, sondern auch Wesen, die sich noch in niederen Bewusstseinszuständen der Gottabgewandtheit, in Verletzungen oder Macht- und Manipulationsspielen befinden. Das ist nicht zu verurteilen, denn alle Seelen haben den freien Willen geschenkt bekommen, sämtliche Erfahrungen machen zu dürfen. Seelen in niedrigen Bewusstseinszuständen sind allerdings nicht als Quellen für reine Channelings geeignet, denn sie können natürlich Fehlinformationen und Manipulationen weitergeben.

In ihrem derzeitigen Zustand fehlt ihnen die reine Liebesschwingung, und daran kannst du sie immer erkennen.

Doch auch diese Seelen entwickeln sich weiter.

Eines Tages erwachen sie wieder aus den verletzten und begrenzten Zuständen ihrer Inkarnationen und erhalten eine Rückverbindung zur Göttlichkeit.

Im Folgenden möchte ich gerne unterschiedliche Quellen für Channelings näher beleuchten und sie dir vorstellen, denn es gibt durchaus wissenswerte Unterschiede.

Vertrauenswürdige Quellen sollten höchste Bewusstseinsebenen von Liebe und Wahrheit verkörpern, damit wir ihnen vorbehaltlos vertrauen können.

Wir dürfen allen Quellen mit Liebe, Achtung, Respekt und Dankbarkeit begegnen.

Vorstellung verschiedener Quellen

Die göttliche Quelle

Hiermit ist die göttliche Quellebene und auch unser Quellselbst als höchste Bewusstseinsinstanz gemeint. Diese Ebene befindet sich jenseits aller Inkarnationen und Verletzungen und ist in höchster Liebe und Wahrheit. Über den höchsten Quellpunkt deines oberen Energiefeldes bist du mit deiner Quellessenz und der göttlichen Quelle verbunden und tauchst in das Bewusstsein der Einheit ein. Über die Einheit spürst du, dass ALLES miteinander verbunden ist und im göttlichen Kern eines jeden Wesens dieselbe Essenz der Liebe schwingt.

Du kannst die göttliche Quelle zu allen Themen befragen und sie dir wie ein übergeordnetes Sprachrohr vorstellen, aus dem du stets die passenden Informationen empfangen kannst.

Die Essenz der Quelle ist Einheit, bedingungslose Liebe, Schöpfung und Glückseligkeit.

∾ Engel

Die Engel verkörpern die reinsten göttlichen Qualitäten und vermitteln sie in die Schöpfungswelten. Während die Quelle allumfassend ist, repräsentieren die Engel einzelne ihrer Qualitäten und machen sie für die Menschen erfahrbar.

So gibt es zum Beispiel Engel des Friedens, des Herzens, der Freude, der Kommunikation, der Freundschaft, der Fülle, der Glückseligkeit, der Familie, der Natur, der Heilung, der Liebe und unzähliger weiterer Qualitäten.

Jeder Engel ist auf bestimmte Fähigkeiten und Aufgaben spezialisiert und kennt sich damit besonders gut aus.

Engel sind Boten und Überbringer des göttlichen Lichts. Das Licht ist reines Bewusstsein, das wir in Wahrheit sind. Du kannst allen Engeln bedingungslos vertrauen. Sie schwingen in reinster, höchster Liebe und Wahrheit und bringen uns göttliche Botschaften und Qualitäten näher. Das ist ihr Dienst an uns und ihre höchste Freude. Sie helfen uns, eine Verbindung zur göttlichen Quelle aufrecht zu erhalten, so dass sich unser Bewusstsein in der Dichte der Materie nicht völlig vergisst. Sei versichert, dass sie immer kommen, wenn du sie rufst, und sie werden dir auch stets antworten, sofern die Antwort gegeben werden darf und der Zeitpunkt stimmig ist. Es ist lediglich entscheidend, ob du sie wahrnehmen und die Botschaften empfangen kannst oder ob deine Fähigkeiten noch etwas Training benötigen.

Sie existieren außerhalb jeglicher Manipulationen und Verletzungen und sind nicht an die karmischen Gesetze der Erde gebunden. Aus diesem Grund sind sie wunderbar reine und vertrauenswürdige Quellen für Channelings.

Die Engel haben eingewilligt, die Menschheit in allen allgemeinen wie auch persönlichen Lebensfragen zu beraten und göttliches Wissen zu vermitteln, wenn der Mensch dazu bereit ist. Sie sind weder in negativen Emotionen verstrickt noch an das irdische Karmaspiel gebunden, denn ihr Bewusstsein befindet sich weit jenseits von Anhaftung und in reinster Liebe. Deshalb haben Engel keinerlei Interesse an Manipulation oder Irreführung, denn das wäre das genaue Gegenteil des Zustands der göttlichen Liebe, Wahrheit und Einheit, den sie verkörpern.

Du kannst den Engeln, wie auch den Aufgestiegenen Meistern und der göttlichen Quelle, alle Fragen stellen, die dich interessieren. Keine Frage ist zu klein oder zu groß.

Wenn du dabei zu viel Verantwortung an sie abgibst, werden sie dich liebevoll darauf hinweisen. Doch gerade zu Beginn deiner Channelings wirst du wahrscheinlich sehr viele Fragen haben, was auch vollkommen in Ordnung ist.

Im Laufe deiner fortschreitenden Bewusstseinsöffnung, die durch das Channeln erheblich gefördert werden wird, übernimmst du ohnehin immer mehr Verantwortung für dich. Je mehr du dein Leben in Verbindung mit deinem Herzen und deiner Göttlichkeit gestaltest, desto mehr Lebensfreude und Antworten werden sich offenbaren. Du wirst schrittweise aus den alten Verstrickungen und Identifikationen mit Leid, in ein glückliches und selbstbestimmtes Leben geführt.

Die Engel unterstützen gerne deinen Weg.

Die Essenz der Engel ist bedingungslose Liebe, Hingabe und das Vermitteln der göttlichen Frequenzen an die gesamte Schöpfung.

༄ Aufgestiegene Meister

Eine weitere besonders vertrauenswürdige Quelle sind die Aufgestiegenen Meister. Dabei handelt es sich um Seelen, die selbst viele Leben auf der Erde geführt haben und das menschliche Leben am eigenen Leib, mit allen Höhen und Tiefen, erfahren haben. Sie sind über ihre Ängste und ihre Begrenzungen hinausgewachsen und haben ihre Erdenleben gemeistert.

Auf diesem Weg haben sie sich aus dem Karmaspiel und jeglicher irdischen Begrenzung gelöst. Sie haften nicht an alten Verletzungen, sondern haben sich über ein Trennungsbewusstsein hinausbewegt. Sie sind mit der göttlichen Einheit auf der vollkommen freien Seinsebene wiedervereint.

Aufgestiegene Meister können freiwillig weitere Leben auf der Erde wählen und erleben, wenn sie das wünschen, aber sie *müssen* nicht mehr inkarnieren, weil ihr Karma oder die Identifikation mit ihren alten Lebensgeschichten sie zurück auf die Erde ziehen würden. Sie sind wieder frei in ihrer Entfaltung und ihren Entscheidungen.

Genau wie die Engel haben auch sie zugestimmt, die Menschen zu unterstützen, zu beraten und ihnen in den möglichen Höhen und Tiefen des Lebens eine Orientierung zu geben. Zu diesem Zweck hat sich eine Gruppe von Aufgestiegenen Meistern zusammengeschlossen und sich der Menschheit bereits vor einiger Zeit als »Große Weiße Bruderschaft der Aufgestiegenen Meister« zu erkennen gegeben. Sie haben Bücher mit Channelings gefüllt und darin sich und ihr Wirken für die Menschheit ausführlich vorgestellt. Mitglieder der Weißen Bruderschaft sind beispielsweise die Aufgestiegenen Meister El Morya, Jeshua (Jesus Christus), Lady Nada, Mutter Maria, Saint Germain, Kuthumi, Kuan Yin, Hilarion, Serapis Bey, Sanat Kumara, Djwal Khul, Lady Portia, Lady Rowena, Hilarion, Konfuzius, Laotse, Wottana, Lanto, White Eagle und viele mehr.

Eine große Anzahl von ihnen hat ihren Aufstiegsprozess während der letzten Jahrhunderte noch in einer größeren Dichte des Bewusstseins gemeistert. Zahlreiche Menschen werden ihnen in der heutigen Zeit folgen. Da das Kollektiv der Menschheit allmählich erwacht und aufzusteigen beginnt, wird es nun immer leichter möglich, diesen Weg der Meister zu gehen. Es gibt bereits einige tausend Menschen, die in den letzten Jahrzehnten aufgestiegen sind und derzeit noch in einem Körper auf der Erde leben. Die anderen Aufgestiegenen Meister halten sich in den Dimensionen der Geistigen Welt auf.

Wenn ein Mensch bereit ist, seinen Erwachens- und Aufstiegsweg auf der Erde zu gehen, treten die Aufgestiegenen Meister hervor und bieten sich als Geistführer und Begleitung im Aufstiegsprozess an. Es kann durchaus sein, dass sich bereits ein Meistergeistführer an deiner Seite befindet. Auch sie achten stets den freien Willen und können nur aktiv werden, wenn wir sie darum bitten. Sie entscheiden dann selbst aus ihrer Weisheit heraus, wie sie helfen können und wo Zurückhaltung angebracht ist.

Eines ihrer obersten Gebote ist es, unsere Freiheit und Selbstbestimmung zu fördern. Sind wir in unserer Entwicklung bereit, so sind sie gerne weise Berater an unserer Seite. Auch die Aufgestiegenen Meister sind absolut vertrauenswürdige Quellen und werden ihr Bestes geben, dich mit ihren Qualitäten, ihrer Liebe und Weisheit zu unterstützen.

Die Essenz der Aufgestiegenen Meister ist Weisheit, Erhabenheit und die Meisterschaft des irdischen Lebens.

☙ Naturwesen

Weitere wundervolle Quellen für Channelings sind die Naturwesen, Bäume und auch die Tiere, doch sie erfordern einen besonders achtsamen Umgang beim Channeln. Das richtige Verständnis liegt mir diesbezüglich sehr am Herzen, deshalb möchte ich gerne ein wenig näher erläutern, was ich damit genau meine.

Die Besonderheit besteht darin, dass sie gerade selbst eine Inkarnation auf der Erde erleben. Naturwesen sind inkarnierte Seelen, so wie wir auch, doch ist ihr Körper feinstofflich und dadurch für unsere physischen Augen nicht sichtbar. Zu ihnen gehören unter anderem Elfen, Feen, Zwerge, Gnome, Trolle, Waldmenschen, Sylphen, Faune, Nymphen, Salamander, Pflanzendevas und viele noch unbekannte Arten, die wir nur allzu gerne ins Reich der Märchen verbannt haben.

In manchen Kulturen wie in Island wurden die Naturwesen glücklicherweise nie vergessen. Die Menschen dort wissen um ihre Existenz und achten sie sehr. Damit durch Straßen oder Hausbau nicht versehentlich Elfenburgen, Zwergendörfer oder Trollwege zerstört werden, werden sie zuerst lokalisiert und dann weiträumig umbaut. Das wäre auch bei uns äußerst empfehlenswert, so verrückt es zunächst klingen mag, denn die Naturwesen mit ihren Burgen, Kathedralen, Naturtempeln und Dörfern existieren ja tatsächlich auf einer feinstofflichen Ebene, die eng in die materielle Realität der Erde eingewoben ist und sie dadurch unmittelbar beeinflusst.

Ihre Existenz ist real, selbst wenn wir sie mit unseren menschlichen Sinnen nicht erfassen können.

Wenn wir ohne Ankündigung einfach eine Erdfläche aufreißen, planieren, betonieren oder bebauen, zerstören wir den
Lebensraum der Naturwesen und können sie dadurch verletzen
und traumatisieren. Wir zerstören so die Energiebahnen in der
Erde und ihre Wohnstätten.

Auf diese Weise traumatisierte Naturwesen können zu sehr
negativen Ausstrahlungen in der verletzten Landschaft führen
und an den betreffenden Stellen kann es öfter zu Unfällen und
anderen unerklärlichen Auffälligkeiten kommen.

Du kannst die Naturwesen sehr gut über deine mediale Wahrnehmung erfassen. Sie sind eng mit den Zyklen der Natur verbunden und dienen ihr in höchster Liebe und Freude. Sie kennen keine Arglist, keinen Betrug oder Verrat und geben dir sehr
gerne erhebende, weise Auskünfte zu deinen Belangen sowie
Einblicke in ihr Leben und ihre Aufgaben.

Anders als die Engel und Meister haben sie allerdings nicht in
einen allgemeinen Dienst als Berater für die Menschheit eingewilligt. Ebenso wie die Tiere sind sie hier, um ihr eigenes Leben
zu erfahren und der Natur zu dienen. Sie sind aber durchaus
erfreut, wenn Menschen sich für sie interessieren und Achtsamkeit im Umgang mit der Natur zeigen. Schädigen wir die Natur,
erfahren auch sie Beeinträchtigung und Schaden.

Die Naturwesen schenken uns gerne persönlichen Rat und
gewähren spannende Einblicke in die Zusammenhänge der
Natur, wenn wir ihnen bei unserer Bitte um Kommunikation
auf Herzensebene begegnen. Dabei ist es äußerst wichtig, ein
eventuelles Nein, wenn sie gerade anderweitig beschäftigt sind,
liebevoll zu respektieren. Stelle stets sicher, dass du sie nicht zu
einem Austausch drängst, sondern selbstverständlich ihre Freiheit
achtest. Sie werden es dir danken.

Ich liebe es zum Beispiel, gemeinsam mit den Naturwesen zu
gärtnern. Der Garten an unserem Haus war zunächst nur nackte

Erde und obwohl ich keinerlei Ahnung von Gartengestaltung hatte, kristallisierten sich mit Hilfe der Naturwesen sehr schnell Ideen heraus, die dann in Form verschiedenster Pflanzen bei uns Einzug hielten. Die Pflanzen ließen mich spüren, in welchen Gartenabschnitt sie gesetzt werden wollten. Naturengel, Elfen und Zwerge channelten mir Ideen für Gartenwege, einen Teich und die Ausgestaltung von Sonnen- und Halbschattenbereichen. Dadurch entstand mit ihrer Unterstützung eine wundervolle, fast rund um das Jahr blühende Gartenlandschaft.

Wenn wir die Naturwesen liebevoll bitten, unterstützen sie uns freudig, zumal mein Mann und ich unsererseits bemüht sind, nur das Beste für sie zu tun. So kamen einmal Bitten von ihnen, naturnahe Bereiche für die Tiere zu belassen, ein Wunsch, den wir ihnen natürlich gerne erfüllten. Und dabei lernen wir ständig hinzu. Bei meinem allerersten Spatenstich in unserem Garten zum Beispiel musste ich schmerzlich feststellen, dass ich unbeabsichtigt einen Regenwurm zerteilt hatte. Bevor ich heute einen Abschnitt umgrabe, sende ich eine gute Stunde vorher geistig die Mitteilung in den Boden, dass ich gleich Spaten und Spitzhacke einsetzen werde und sich die Erdbewohner rechtzeitig in Sicherheit bringen mögen. Ich habe es mehrfach ausprobiert – ohne Ankündigung wimmelt es nur so von Regenwürmern im Boden und nach meiner Ankündigung sind sie tatsächlich alle weg, so dass ich keinen verletze. Ganz gleich wo ich grabe, weit und breit kein einziger Bodenbewohner. Das ist wirklich erstaunlich.

Ebenso wird das Rasenmähen bei uns einen Tag oder, wenn wir es dann doch mal vergessen, zumindest eine Stunde vorher angekündigt, damit sich alle Rasenbewohner retten können. Sträucher und Bäume bitte ich mehrere Wochen vor ihrem Rückschnitt, ihre Energien aus den Ästen zurückzuziehen. Auch eine Zypresse musste leider schon einmal weichen. Ich habe sie mehrere Monate zuvor achtsam darauf vorbereitet, ihr gedankt und es war dann auch vollkommen in Ordnung für sie. Das Baumwesen konnte sich in Ruhe aus der Zypresse zurückziehen und den Baumkörper freigeben.

Bäume sind enorm wichtig auf unserem Planeten, ich liebe und hüte sie sehr und bin äußerst achtsam damit, ob ein Baum wirklich weichen muss. Doch manchmal lässt es sich leider nicht verhindern und dann kann man sie liebevoll darauf vorbereiten. Auf diese Weise sind wir im Einklang mit dem Garten und seinen Bewohnern, alles zeigt sich von seiner besten Seite und beschenkt uns mit Liebe, Vitalität und reichhaltiger Pracht.

Die Essenz der Naturwesen ist Leichtigkeit und Spiel sowie die tiefe Verbundenheit mit den Rhythmen der Natur.

ℰℐ Tiere

Auch unsere Tiere sind wundervolle, reine und inspirierende Quellen. Sie sind genau wie wir inkarniert und leben wie wir in feststofflichen Körpern. Das Wort Inkarnation leitet sich von dem lateinischen Wort *incarnatio* ab, »Fleischwerdung«, es bedeutet »im Fleisch« oder »im Körper« zu sein. Bei einer Inkarnation willigt die Seele in ein Leben in einem fest- oder feinstofflichen Körper ein und wird dadurch automatisch an die karmischen Zyklen, Regeln und Gesetze der jeweiligen Welt gebunden. Dies birgt das Risiko, emotionale Verletzungen wie beispielsweise Leid erfahren zu können.

Genau wie Naturwesen und Bäume haben auch die Tiere nicht eingewilligt, die Menschheit zu beraten, sondern sind mit ihren eigenen Aufgaben und ihrem Leben beschäftigt. Außerdem sind sie durch ihre Inkarnation an die Begrenzungen, Regeln und Gesetze der Erde gebunden und wissen nicht auf alle Fragen eine Antwort. Dennoch halten sie unglaublich viel Liebe und weise Antworten für uns bereit. Sie sind so liebevoll, ehrlich und aufrichtig, wie man es sich kaum vorstellen kann. Hier liegt es ganz in deiner Achtsamkeit und Verantwortung, einen Kontakt auf Herzensebene mit ihnen zu pflegen, sie nicht auszunutzen und den Raum ihrer Privatsphäre jederzeit zu achten.

In den meisten Fällen werden sie deine Bitte um ein Gespräch freudig bejahen, denn sie freuen sich über Kontakte zu Menschen. Wenn wir sie jedoch ständig ungefragt ansprächen, könnten sie sich dem telepathischen Kontakt nicht wirklich entziehen, da sie inkarniert sind. Es wäre damit vergleichbar, dass wir auf der Straße fortlaufend von Menschen angesprochen würden, die uns ein Gespräch aufzwingen wollten. Das wäre enorm belästigend, ermüdend und anstrengend.

Deshalb ist es überaus wichtig, sie zu fragen, ob sie mit einem Gespräch einverstanden sind. Die Meister und Engel hingegen können nicht belästigt werden, da sich ihr Bewusstsein außerhalb solcher Identifikationen befindet.

Deshalb bitte ich dich, den Tieren, Naturwesen und Bäumen mit großer Achtsamkeit zu begegnen und ein Nein zur Kommunikation bitte nicht persönlich zu nehmen. Du wirst es nur selten erleben, dass ein Gespräch gerade ungünstig ist. Vor einigen Jahren bat mich eine Klientin, mit ihrem Kater zu sprechen, da sie Fragen zu seinem Wohlbefinden hatte. Ich baute den Kontakt auf, als ich blitzartig ein inneres Bild von einem pirschenden Kater auf einer Wiese empfing. Seine starke Anspannung schlug mir entgegen, denn er lauerte gerade einer Maus auf. Noch bevor ich mich ihm höflich vorstellen konnte, empfing ich ein rasches Flüstern: »Pssst, jetzt nicht … später!« Nach einigen Stunden kontaktierte ich ihn dann erneut und es ergab sich ein sehr schönes Gespräch.

Alle Haustiere an unserer Seite sind derart treue, loyale und liebevolle Begleiter, wie man sie sich besser nicht wünschen kann. Ob es sich dabei um pfotige, flossige, geflügelte oder beschuppte

Freunde handelt, sie alle stehen uns nahe und werden oft wie Familienmitglieder empfunden. Sie teilen im wahrsten Sinne des Wortes Freud und Leid mit uns, denn sie können unsere unerlösten Themen intensiv spiegeln. Durch seine Verhaltensauffälligkeiten weist ein Tier oftmals auf innere Verletzungen beim Halter oder Missstände in der näheren Umgebung hin. Dann ist es sehr hilfreich, mit dem betreffenden Tier per Tierkommunikation medial zu kommunizieren, und wenn das Tier keine Lösung weiß, höhere Ebenen wie die göttliche Quelle, Engel oder Meister zu channeln, um die wahren Hintergründe und Lösungen zu erfahren. Sie sind sehr erleichtert, wenn ihre Botschaft verstanden wird, und können dann ungünstige Verhaltensweisen wieder loslassen.

Viele Tierhalter empfangen über die Herzensbindung zu ihrem Tier die Absichten und Wünsche ihrer Lieblinge meist schon sehr genau. Manche sagen scherzhaft, dass sie wüssten, was ihr Tier gerade denkt. Und JA – das ist auch so! Sie sind mitten in einer Kommunikation mit ihrem Tier, ohne dass es ihnen bewusst ist. Doch leider wird es meist nicht als real existierende Kommunikation begriffen oder vertieft.

Unsere Tiere lesen telepathisch die Gefühle und Gedanken ihrer Menschen und wissen ganz genau um den Gemütszustand von Herrchen oder Frauchen. Leider sind unsere Absichten für sie nicht immer exakt erkennbar, da viele Menschen in ein regelrechtes Gedanken- und Gefühlskarussell eingebunden sind. Sie kommen zur Tür herein und denken eine Menge Dinge wie: *Ach, was war das heute anstrengend auf der Arbeit ... gehe ich jetzt einkaufen oder morgen? ... duschen wollte ich noch ... soll ich jetzt ein Eis essen? ... einen Freund treffen ... den Hund füttern? ... Gott, ist das Sofa im neuen Pausenraum hässlich ... vorgestern ist mir im Kino das Popcorn heruntergefallen ...* und so weiter. Beim Tier kommt dann ein reges Durcheinander an.

Wären wir stattdessen mehr im Gefühl und eindeutiger in unseren Absichten, wüssten unsere Haustiere stets sehr genau, was los ist und was wir wirklich vorhaben.

Du kannst deinem Haustier klare, knappe Sätze und Bilder über deine Vorhaben senden und dein Tier wird sie verstehen. Fühle in dein Herz und das Herz deines Tieres, denke und fühle deine Mitteilung ganz klar in einfachen Sätzen und begleite sie mit einem klaren inneren Bild. Wenn du beispielsweise in den Urlaub fährst und deinen Hund für diese Zeit bei Freunden abgeben möchtest, kannst du ihm das vorher erklären. So bekommt er keine Angst, von dir verlassen zu werden, und weiß, dass du wieder zurückkommen wirst. Du kannst ihm vorab den Ort zeigen, an den du ihn geben wirst, wer sich dort um ihn kümmern wird und dass du nach zwei Wochen wieder heimkommen wirst. Auch vom Urlaubsort aus kannst du dein Tier kontaktieren, indem du dich über dein Herz einstimmst, es geistig vor dich stellst und ihm klare Bilder und Gedanken sendest. Du kannst ihm mitteilen, dass es dir gut geht und dass du in ein paar Tagen wieder heim kommst. Tiere verstehen Zeitangaben von Tagen oder Wochen. Für sie wird eine solche Kommunikation sehr hilfreich und erleichternd sein, denn sie können nun genau einordnen, was geschieht.

Auch auf unliebsame Besuche beim Tierarzt kannst du dein Tier sehr gut vorbereiten, ihm die Angst nehmen und versichern, dass du bei ihm sein wirst. Sei geduldig und teile deinem Tier ein Vorhaben ruhig zwei bis fünf Mal mit, denn es kann mehrere Versuche brauchen, bis es dich ganz verstanden hat. Zudem hat dein Tier ein Recht auf Selbstbestimmung. Es kann deine Vorschläge und Angebote annehmen, muss aber nicht – es kann auch für sich selbst entscheiden. Beobachte dein Tier. Je nachdem, was du ihm mitgeteilt hast, wirst du anhand seines Verhaltens feststellen können, dass es dich verstanden hat.

Darüber hinaus sollten wir die Wildtiere und vor allem die »Nutztiere« nicht vergessen. Sie sind ebenfalls eng mit Mutter Natur verbunden und unterstützen deren Kreisläufe. Wir dürfen lernen, respektvoll mit ihnen umzugehen und ihre Existenz liebevoll zu achten. Es sind eigenständige, fühlende Wesen, die genau wie wir eine Seele besitzen und ein Recht auf freien Lebensraum und ein glückliches Leben haben. Gerade im Hinblick auf Nutztiere darf sich unsere Einstellung grundlegend ändern: Wir dürfen sie nicht sinnlos quälen und ausnutzen. Sie sind unsere Seelengeschwister. Vielleicht möchten sie uns eine Botschaft übermitteln, wenn sie uns in einer etwas auffälligen Form begegnen. Und ganz gleich, ob Nutztiere oder Wildtiere: Alle Tiere können uns Inspirationen, neue Ideen oder Informationen geben und uns zu Veränderungen anregen.

Es kommt auch immer wieder vor, dass Mitglieder unserer Seelenfamilie oder Lehrer aus der Geistigen Welt als tierische Begleiter an unserer Seite inkarnieren. Die Bindung zu ihnen ist dann besonders eng und innig. Solche Hintergründe kann man ebenfalls sehr gut channeln, um mehr darüber zu erfahren.

Die Essenz der Tiere ist Leichtigkeit, Spiel, Freundschaft sowie die tiefe Verbundenheit mit den Rhythmen der Natur.

✎ Bäume und Pflanzen

Bäume, wie auch alle anderen Pflanzen, sind ebenfalls wundervolle und weise Gesprächspartner.

Mit den Pflanzen begann meine Abenteuerreise in die Öffnung meiner Medialität. Wir dürfen ihre Freiheit achten und sie um ihre Zustimmung zur Kommunikation bitten.

Bäume sind von sehr liebenswürdigen, weisen Seelen bewohnt, die eine Inkarnation als Baumwesen erleben. Sie sind eng mit dem biologischen Baumkörper verbunden. Wenn ein Baum gefällt wird, ist diese Inkarnation beendet.

Die kleineren Pflanzen hingegen sind von Pflanzengeistern, sogenannten Devas, nicht beseelt, sondern eher »umseelt«. Dabei sind die Seelen nicht in der klassischen Form im biologischen Pflanzenkörper inkarniert, sondern »umgeben« ihn eher. Wenn wir etwa einen Salatkopf ernten, beenden wir glücklicherweise, anders als bei den Bäumen, keine Inkarnation. Die Heilessenzen der Pflanzen sind unglaublich und können Menschen und Tieren als natürliche Apotheke ganz besonders gut helfen.

Bei meinen Spaziergängen im Wald liebe ich es, mich mit Bäumen zu unterhalten, mich an ihre Wurzeln zu setzen und an ihre prächtigen Stämme anzulehnen. Der Kontakt ist sehr aufbauend, denn Bäume haben eine unglaublich belebende Kraft und sind wirklich weise und gütige Wesen. Genau wie wir Menschen besitzen sie unterschiedliche Persönlichkeiten, erfüllen an ihren Standorten ganz verschiedene Aufgaben und haben individuelle Qualitäten. Manche sind sogar großartige Heiler.

Auf einem meiner Ausflüge ging ich einmal mit starken Nackenschmerzen in den Wald. Ich war zum damaligen Zeitpunkt noch nie auf die Idee gekommen, im Wald um Hilfe zu bitten, als mich plötzlich eine Fichte ganz besonders anzog. Anscheinend hatte sie mein Anliegen wahrgenommen und sandte mir nun den Impuls, zu ihr zu kommen.

Nach einer herzlichen Begrüßung lud sie mich ein, mich an ihren Wurzeln niederzulassen und an sie anzulehnen. Dann legte mir das Baumwesen, aus dem Stamm heraus, seine Hände auf die Schultern. Ich konnte tatsächlich durchsichtig erscheinende Hände wahrnehmen. Die Fichte teilte mir mit, dass sie gerne Heilung fließen lassen würde, wenn ich dies wünschte. Zudem wies sie mich fürsorglich darauf hin, dass ich bei der Arbeit doch besser meine Sitzposition ändern und meine Nackenmuskulatur stärken solle. Ich empfing einen sehr angenehmen Heilstrom und blieb eine ganze Weile an ihr angelehnt.

144

Danach dankte ich der wunderbaren Baumheilerin, denn die schlimmen Nackenschmerzen waren verschwunden.

Die Natur ist immer noch das beste Vorbild für ein kreatives und erfülltes Leben. Alles in der Natur spricht, alles hat eine Seele oder ist von Bewusstsein »umseelt«.

Es ist möglich, mit dem Wesen eines großen Berges zu sprechen, ebenso wie mit einem kleinen Löwenzahn.

Die Pflanzen, Tiere und Naturwesen sind auf einzigartige Weise mit dem Leben verbunden, sie ehren und fördern es, wie wir es als Mensch leider oft verlernt haben. Sie sind überaus wertvolle Ratgeber und per Channeling und medialer Wahrnehmung können wir an ihrer wunderbaren Welt bewusst teilhaben.

Die Essenz der Pflanzen ist Freude, Fülle, Heilung, Schönheit und Lebendigkeit.

ℰℐ Drachen, Einhörner und andere Wesen

Während ich lange Zeit kaum innere Bilder empfing und mich eher auf das reine Channeling konzentrierte, wurden sie später so deutlich, dass ich es selbst kaum glauben konnte.

Als ich eines Tages vor dem Badezimmerspiegel stand und nichtsahnend meine Haare kämmte, tauchte plötzlich ohne vorherige Ankündigung ein riesiger grüner Drache hinter mir auf und lächelte mich freundlich an.

Ein Drache? Ernsthaft? Ich hatte schon vieles gesehen und wahrgenommen, aber einem Drachen war ich bisher nicht begegnet. Und dieses erstaunliche Exemplar war auch noch ganz unvermittelt aufgetaucht. Jetzt blickte mich sein freundliches Gesicht liebevoll an. Ich war so fasziniert, dass ich eine Weile nicht mehr aus dem Badezimmer herauskam.

Zwischen Kamm und Zahnbürste teilte er mir mit, Drachen wären lange Zeit selbstverständliche Begleiter der Menschen gewesen und könnten uns den Zugang zu unserer lebendigen, schöpferischen Wurzelkraft vermitteln. Sie trügen tiefe Weisheit bezüglich der Dimensionen, der göttlichen Existenz und auch des Lichtkörpers in sich.

»Wir existieren in Zeit und Raum und gleichzeitig außerhalb davon. Wir hüten die uralte Weisheit der Menschen, die ihr längst vergessen glaubtet. Ich bin gekommen, um deine Lebenskraft zu stärken und dich über die Schöpferkraft zu unterrichten. Deshalb bin ich hier. Es ist für dich an der Zeit, sie zu entfachen und das schöpferische Feuer anzunehmen.

Ich bin bei dir, weil es Zeit wird, dich wieder an mich als deinen Freund und Begleiter zu erinnern«, channelte der Drache mit einer unvergleichlichen Sanftheit und Liebe.

Die Energie der Drachen ist sehr kraftvoll und zugleich weich, weise und behütend. Sie existieren auf höheren Dimensionsebenen, können sich aber frei in die Erdendimension hineinbewegen, wenn sie dies wünschen, denn sie waren schon immer eng mit der Erde und auch mit der Menschheit verbunden. Ihre männliche und ihre weibliche Kraft sind ausgeglichen und sie helfen, das Gleichgewicht und die göttliche Ordnung in ein- und derselben Dimension zu halten.

Als die Menschheit in das Trennungsbewusstsein eintauchte, haben sie sich in die höheren Ebenen zurückgezogen, aber jetzt kehren sie zu unserer Unterstützung zurück.

Je mehr wir unsere weibliche Kraft wieder zulassen und sie mit unserer männlichen Kraft zu einer ausgewogenen Schöpferkraft verbinden, desto eher werden uns die Drachen wieder begegnen. Einmal durfte ich einen smaragdgrünen Wetter-Drachen mit meinen physischen Augen sehen. Ich konnte ihn eines Nachmittags beobachten, wie er eine Gewitterfront hinter sich herzog und sie an der gegenüberliegenden Seite des Tals platzierte. Smaragdgrüne, trichterartige Wirbel öffneten sich und reichten durch die Wolken hinab bis auf die Erde.

Dort ankerten sie für etwa zwanzig Minuten. Dieses einzigartige Wesen blieb die ganze Zeit über ruhig in der Luft stehen, bis sich das Gewitter völlig entladen hatte. Danach löste es die Trichter und Energien mit ein paar eleganten Flügelschwüngen wieder auf und flog davon. Ich hielt damals buchstäblich die Luft an, damit diese besondere Sichtung des Luftdrachens bloß nicht wieder verschwinden würde.

Es gibt ganz unterschiedliche Arten von Drachen. Manche sind an bestimmte Gegenden der Erde gebunden und hüten dort die lichten Kernenergien der Orte, die vielleicht durch Kriege, Schlachten oder anderweitigen Missbrauch energetisch schwer belastet sind. Es kommt vor, dass diesen Orten unerlöste Seelen Verstorbener anhaften. Sie strahlen dann kaum noch Lebensenergie aus und wenn man sich dort aufhält, fühlt man sich sehr unwohl. Die ursprüngliche Energie dieser Orte, die im Kern immer rein, kraftvoll, nährend und aufbauend ist, kann nicht mehr richtig fließen. Um die reinen Ursprungsenergien zu bewahren, haben einige Drachen in der dunklen Ära der Menschheit diese betreffenden Orte aufgesucht.

Und je mehr karmische Prozesse sich klären, Herzen sich wieder öffnen und bisher unerlöste Seelen aus den erdnahen Ebenen ins Licht gehen, desto mehr lösen sich die Belastungen von diesen Orten – und dann können die Drachen die Kernenergien wieder freigeben. Woher ich das weiß?

Ein Drache hat es mir mitgeteilt.

Hast du deinen persönlichen Drachenbegleiter bereits kennengelernt? Jetzt ist die Gelegenheit dazu. Wenn du magst, bitte doch deinen Drachen, dass er sich sich jetzt geistig vor dich stellt und plaudere mit ihm. Ich verspreche dir, es wird für dich eine unendliche Bereicherung sein.

Aber es gibt nicht nur Drachen unter den vielen unsichtbaren Bewohnern der geistigen Welt, sondern noch viele andere

Wesenheiten. Eine sehr reine engelhafte Präsenz bilden die Einhörner, bei denen mir stets Tränen der Rührung in die Augen steigen, wenn ich sie wahrnehme.

Sie sind eine Mischung aus Naturwesen und Engel, ihr strahlendes Lichthorn kann unser Herz öffnen und auch unsere Chakren tiefgreifend klären. Ihre Kräfte sind unglaublich und ihre weitere Beschreibung würde den Rahmen dieses Buches sprengen.* Du findest sie an den verschiedensten Orten in der Natur. Sie stehen für göttliche Reinheit.

Du kannst alle Naturwesen in der freien Natur aufsuchen und es ist jedes Mal ein ganz besonderes Erlebnis. Natürlich kannst du dich auch von Zuhause aus medial über dein Herz auf sie einstimmen. Es gibt unzählige Arten von Naturwesen auf der Erde und im Zuge des Aufstiegsprozesses werden es ständig mehr. Andere wiederum, die sich bisher eher im Verborgenen hielten, geben sich erstmals zu erkennen.

In den Naturwelten ist einiges in Bewegung. Überall ist deutlich der Bewusstseinswandel spürbar und es ist spannend, ihn über die medialen Sinne hautnah mitzuerleben. Aber diese Möglichkeit haben wir – wir alle. Jegliches Wesen der Schöpfung können wir per Channeling befragen. So erhalten wir tief berührende Einblicke in die wahren Zusammenhänge des Lebens.

Auch die Drachen und Einhörner sind ganz wundervolle Quellen für Channelings.

---

* Im AMRA Verlag liegt die DVD *Einhörner – vom Mythos zum Begleiter* vor. Sie enthält drei Stunden Interviews, Meditationen, Channelings und Übungen zum Thema Einhörner mit den Einhorn-Experten Melanie Missing, Sonja von Staden, Isabella von Fallois, Pater Anselm Grün, Diana Cooper und Michaela Dane. Die Regisseurin Renate Ingruber geht dabei der Frage nach, was es mit Einhörnern wirklich auf sich hat und welche spirituelle Bedeutung sie haben. Der Bonusteil enthält außerdem eine komplette Lesung des Kinderbuchs *Tara und der Glückssegen der Einhörner*, ebenfalls bei AMRA erschienen. Trailer und Leseproben gibt es auf www.AmraVerlag.de.

✃ Jenseitskontakte

Die Seelen von Verstorbenen gelangen nach dem Ableben ihres materiellen Körpers zunächst in die Jenseitsdimensionen. Diese wurden für die Rückanpassungsprozesse der Seelen an die Geistige Welt erschaffen. Ihre Frequenzen umgeben die Erde wie ein unsichtbarer Gürtel und reichen viele Kilometer in den Boden hinein und in den Himmel hinauf. Aber das Jenseits ist nicht zum dauerhaften Aufenthalt bestimmt, sondern nur eine Übergangsdimension. Unsere lieben Verstorbenen durchlaufen dort ein behutsames Loslassen ihrer irdischen Eindrücke und Identifikationen. Sie werden in den himmlischen Dimensionen von Helfern durch ihre Heilprozesse begleitet. Nach der Dichte eines Erdenlebens sind behutsame Rückanpassungen notwendig, damit die Seele keinen Schock erleidet.

Das Jenseits birgt vielfältigste Dimensionen. Es finden sich dort wundervolle Orte der Heilung, der Reflektion, der Begegnung, der Erholung und sehr viel mehr.

Es gibt Schulungsebenen, überirdische Seen und Meere, fantastische Landschaften und hohe kreative Lichtebenen. Neben fest installierten Orten kann sich dort jede Seele auch ihre ganz eigene Umgebung erschaffen.

Wenn jemand stirbt und zurück in die Geistige Welt gelangt, bedeutet dies nicht, dass er dadurch zwangsläufig erleuchtet wäre und nun alles überblicken könnte. Hatte der Verstorbene bereits einen gewissen Erleuchtungsgrad auf der Erde erreicht, so ist er auch im Jenseits eine weise und hohe Quelle für Channelings, denn sein hoher Bewusstseinsstand bleibt erhalten, ja er entwickelt sich sogar noch weiter. War er es jedoch nicht, weiß ein Verstorbener auch nicht unbedingt sehr viel mehr als wir selbst und ist vollauf mit seinen eigenen Prozessen beschäftigt. Ebensowenig wie die Naturwesen und Tiere haben Verstorbene in einen Dienst als Berater für die Menschheit eingewilligt und es ist nicht ihre Aufgabe, unsere persönlichen Lebensfragen zu beantworten. Auch sie dürfen wir zunächst respektvoll fragen, ob sie mit uns sprechen möchten.

Gechannelte Jenseitskontakte sind für alle Beteiligten zutiefst berührend und heilsam. Sie helfen den Hinterbliebenen loszulassen, mit der Trauer umzugehen und Verlustschmerz zu heilen. Die Hinterbliebenen erfahren, dass es ihren Lieben im Jenseits gut geht und sie nicht für immer fort sind, wie wir es aus der begrenzten menschlichen Perspektive empfinden. Sie haben lediglich ihre irdische Hülle abgestreift, aber ihr unsterbliches Bewusstsein existiert mit allen Erinnerungen, Herzensverbindungen und Erlebnissen weiter und kann in neue Körperformen schlüpfen oder formlos verweilen. Sämtliche einmal herbeigeführten Herzens- und Seelenverbindungen bleiben bestehen und so treffen wir uns in den unterschiedlichsten Ausdrucksformen im Laufe der Inkarnationen immer wieder.

Generell sind Verstorbene sehr bemüht, ihren Liebsten beruhigende Botschaften aus ihrer Perspektive wie auch möglichst weise Ratschläge zu übermitteln. Oftmals haben sie tatsächlich einen etwas größeren Überblick als wir selbst, doch besitzen sie nicht unbedingt Kenntnis von den übergeordneten Zusammenhängen des Lebens, weil ihre Ratschläge ganz einfach durch ihren aktuellen Bewusstseinsgrad begrenzt sind.

Jenseitskontakte können aber helfen, tief eingeprägte Ängste vor dem Tod loszulassen. Der Tod ist für viele ein so horrendes Schreckgespenst, weil wir schlicht vergessen haben, wie es danach weitergeht. Channelings und mediale Wahrnehmungen können diesbezüglich sehr erlösende Einblicke schenken. Dabei ist Einsicht in die Jenseitswelten nicht nur Menschen mit Nahtoderlebnissen vorbehalten. Vielmehr kann jeder, der aufrichtiges Interesse fühlt, seine Wahrnehmung des Jenseits trainieren, auch wenn es vielleicht entsprechender Anleitung bedarf. Verstorbene, die ins Licht gegangen und dadurch auf hochschwingenden Jenseitsebenen angekommen sind, bilden vertrauenswürdige Quellen für liebevolle Jenseits-Channelings, aber es ist eben zu beachten, dass die Auskünfte ihrem jeweils erreichten Bewusstheitsgrad unterliegen und dadurch begrenzt sind.

Neben den Verstorbenen, die in die Ankunftsebene des Jenseits, das sogenannte »Licht«, gegangen sind, gibt es dort auch noch unerlöste Seelen von Menschen, die ihr Leben einfach nicht loslassen konnten oder unter verletzenden beziehungsweise traumatisierenden Umständen gestorben sind. Manche wissen gar nicht, dass sie ihren Körper bereits verlassen haben, und glauben, sie würden nach wie vor leben. Sie bleiben dann an Orten oder lebenden Personen haften und finden den Weg ins Licht nicht. Solche erdgebundenen Seelen befinden sich in unerlösten, negativen Emotionen, die von ihren erlittenen Verletzungen herrühren. Das ist an vielen Orten deutlich spürbar. Man fühlt sich dort unwohl, beklommen, bedrückt, ängstlich oder gruselt sich. Manche dieser erdgebundenen Seelen irren einfach umher, sind panisch, verzweifelt oder auch wütend, ohne uns absichtlich schaden zu wollen. Mit ihnen in Kontakt zu kommen ist nicht gefährlich, doch können wir ihre negativen Emotionen aus Unwissenheit leicht für unsere eigenen halten.

Meiner Erfahrung nach spürt man den berühmten Gruseleffekt, wenn sich traumatisierte Seelen an einem Ort befinden. Anhaftende Seelen zu befreien ist das klassische Clearing, das *Begleiten von Seelen ins Licht*. Es ist ein zutiefst liebevolles Wirken, das herzöffnende Einblicke in die Beweggründe der Seelen schenkt. Es ist mein persönliches Steckenpferd und ich liebe es, Orte und Seelen auf diese segensreiche Weise zu unterstützen. Es weitet das Herz und bereichert das Sein.

Natürlich kann man mit erdgebundenen Seelen auch kommunizieren, um ihnen zu helfen, ins Licht zu gehen, aber besonders für einen Anfänger ist es wichtig zu wissen, dass sie auf gar keinen Fall eine reine Auskunftsquelle für ein Channeling sind. Botschaften von erdgebundenen Seelen sind völlig ungeeignet, uns wahrhaft aufzuklären, weil diese Seelen selbst dringend Beratung, Hilfe und Erlösung brauchen. Aus ihren Ängsten heraus könnten sie uns schnell den Niedergang der Menschheit prophezeien, obwohl dieser gar nicht ansteht.

Seelen in einem niedrigeren Bewusstseinszustand als wir selbst gehören zu den unreinen Quellen für Channelings. Ihre Botschaften fühlen sich angstmachend, negativ und unstimmig an, sind in den meisten Fällen aber schon an der Wortwahl einwandfrei zu erkennen. Man kann damit also gut arbeiten. Wenn du darüber Bescheid weißt, kann dies Ängste nehmen, Missverständnisse auflösen und Klarheit schenken.

❧ Sternenwesen

In den großen, weiten Schöpfungswelten existieren neben der Erde noch unzählige andere Galaxien mit Planeten und Sternen, auf denen Seelen in den unterschiedlichsten Formen inkarnieren. Allein in unserem Universum gibt es eine gigantische Menge verschiedenster Galaxien. Die Erforschung des Weltalls ist bisher auf kein anderes materielles Leben gestoßen, sagt man, dennoch existiert Leben mehr oder weniger feinstofflicher Art auf sehr vielen Gestirnen, auch in unserer Nähe. Ähnlich wie bei den Naturwesen sind diese Lebensformen für unsere Augen und Teleskope bisher jedoch unsichtbar.

Die Seelen in diesen anderen Welten sind genau wie bei uns mit einem Körper verbunden, nur eben mit einem weniger materiellen. Dadurch sind sie an die Begrenzungen, Regeln und Gesetze ihres jeweiligen Planeten oder Sterns gebunden. Anders als bei den Engeln oder Aufgestiegenen Meistern unterliegt ihr Bewusstsein – genau wie das unsere – noch Begrenzungen und manchmal auch einer negativen Ausrichtung, denn sie müssen nicht notwendigerweise erleuchtet sein. Aber es gibt sehr wohl Sternenwesen, die sich auf hohen Stufen ihrer Verwirklichung befinden, die herzzentriert und in ihren Aufstiegsprozessen weit fortgeschritten sind. Sie können dann ebenfalls eine vertrauenswürdige Auskunftsquelle für Channelings sein, selbst wenn sie derzeit noch inkarniert sind.

Es gibt allerdings auch Sternenwesen, die sich auf unteren Bewusstseinsstufen befinden und eher manipulativ oder anderweitig negativ ausgerichtet sind. Manche verbergen ihre wahre Gesinnung recht gut. Auf einigen Welten haben deren Bewohner kaum eine Herzensentwicklung durchlaufen und sind in niedrigen Gesinnungen und Machtspielen gefangen. Solche Sternenwesen sind ausdrücklich <u>keine</u> reinen Quellen für ein Channeling. Sie können sogar bewusst versuchen, uns irrezuführen oder für ihre Zwecke zu manipulieren. Von ihnen können Falschdurchgaben kommen, um unsere Ängste zu schüren oder uns für ihre Machtspiele zu missbrauchen. Menschen, die Angst haben, sind viel leichter manipulierbar als gefestigte, in sich ruhende Menschen. Auch hier kann dir nur dein stimmiges Herzensgefühl sagen, ob ein Channeling vertrauenswürdig ist.

Wesen mit niederen Gesinnungen sind von ihrem göttlichen Bewusstsein abgetrennt und können sich noch nicht aus ihrer eigenen Quelle ernähren. Sie sind darauf angewiesen, Lebensenergie von anderen Wesen anzuzapfen, und sind in der Lage, sich an Menschen mit entsprechender Resonanz anzudocken, um sich an ihrer Energie gütlich zu tun. Dies kann auch geschehen, wenn ein ahnungsloser Mensch sie channelt und fälschlich meint, mit einer reinen Auskunftsquelle verbunden zu sein. Wer die hohen Frequenzen eines sauber angebundenen Kanals einmal gefühlt und erfahren hat, wird derartige Manipulationen sofort an der Schwingung erkennen und sich aus dem Kontakt lösen.

Auch manipulative Wesen werden im Zuge ihrer Entwicklung natürlich ihren Weg zurück zu ihrem göttlichen Wesenskern finden. Es gibt keine Seelen, die von »Geburt an böse« sind, denn jegliche negative Ausrichtung ist lediglich ein vorübergehendes Ergebnis von erlittenen Verletzungen. Jede Art der Erfahrung trägt zur umfassenden Weisheit der Schöpfung bei. Das ist sehr wichtig zu wissen! Es bedeutet, dass niemand jemals zurückgelassen wird. Und da wir alle Teile der göttlichen Quelle sind, kann glücklicherweise niemand von uns für immer in irgendeiner der unzähligen Welten verloren gehen!

Fazit & meine Empfehlung

Beim Channeling und allen medialen Kontakten ist es sehr wichtig, die Unterschiede zwischen reinen und unreinen Quellen zu kennen, damit sie einwandfrei auseinandergehalten werden können. Unreine Quellen erkennst du an ihrer fehlenden Herzensausstrahlung, die sich auch nicht vortäuschen lässt. Ihre Schwingungen fühlen sich nicht rein an. Solche Wesen können sich als Erzengel Gabriel vorstellen, obwohl sie es gar nicht sind. Sie können schöne und schwülstige Worte in ihren Botschaften verwenden, die fast gar nicht am Inhalt, sondern nur an einem Gefühl von Unstimmigkeit zu erkennen sind.

Im Kontakt mit den reinen Quellen des Lichts hingegen fühlst du dich stets wohl, geliebt und angenommen. Du erlebst dann ein Gefühl von Stimmigkeit und kannst die Wahrheit fühlen. Ein solcher Kontakt ist immer erhebend, schenkt Kraft und Energie, wirkt förderlich, beglückend und aufbauend.

Für deine empathische Wahrnehmung würde sich die Ausstrahlung einer unreinen Quelle irgendwie unstimmig oder unterkühlt anfühlen. Du hättest den Eindruck, dass die Durchgabe hart, leer, technisch, aalglatt oder anderweitig negativ herüberkäme. Bei einem lichtvollen, herzensorientierten Wesen hingegen spürst du ein sanft berührendes Herzensgefühl, das ein negativ ausgerichtetes Wesen nicht ausstrahlen kann, da es dies noch nicht verwirklicht hat. Ein solches Wesen müsste erst einige Läuterungsprozesse durchlaufen, um sein Herz wieder zu öffnen und seine Schwingung zu erhöhen.

Bei einer guten Anbindung sowie wachsender innerer Klärung und Öffnung unseres Bewusstseins sind wir für Manipulationen jeglicher Art nicht mehr erreichbar.

Gerade für Anfänger ist eine Kommunikation mit der göttlichen Quelle, Engeln und Aufgestiegenen Meistern sicherlich am empfehlenswertesten, denn der Kontakt ist sicher, rein und liebevoll. Durch positive Erfahrungen kannst du schrittweise Vertrauen zu deinen Channelings aufbauen. Dabei solltest du dich nicht nur auf einen Kontakt beschränken, sondern ruhig verschiedene Engel und Meister kennenlernen.

Tiere, Naturwesen, Bäume und Pflanzen sind ebenfalls liebevolle, weise und inspirierende Gesprächspartner, die dir faszinierende Einblicke in ihr Leben und ihre Welt schenken können. Bei ihnen ist es jedoch wichtig, ihre Privatsphäre zu respektieren und sie stets höflich zu fragen, ob sie bereit sind für eine Kommunikation. Auch sie bieten Anfängern eine hervorragende Möglichkeit, um das Channeln zu üben.

Von Channelings mit Verstorbenen und Sternenwesen möchte ich Anfängern ganz zu Beginn ihrer Erfahrungen zunächst abraten. Erst sollten sie mehr Sicherheit und Erfahrung erlangen, um unreine Quellen wirklich einwandfrei identifizieren zu können. Dann wird später auch hier ein liebevoller und sehr bereichernder Austausch möglich sein.

Es ist sehr wichtig, dass du erkennen kannst, wen du channelst und was du bei der jeweiligen Quelle beachten darfst.

9

Verstand & Herzensebene

> »Das Herz hat seine Gründe, die
> der Verstand nicht kennt.«
> *– Blaise Pascal –*

Verstand, Ego und Herzensstimme

Der Verstand dient uns dazu, logisch zu denken und unsere nähere Umgebung sachlich taxieren und beurteilen zu können. Lauert hinter dem Baum ein wildes Tier? Gibt es einen Abgrund hinter der nächsten Biegung des Weges? Er hilft uns einzuschätzen, ob wir in einer Umgebung sicher sind oder nicht. Er ordnet, vergleicht und bewertet Situationen, denn seine ursprüngliche Aufgabe ist es, für unser tägliches Überleben zu sorgen. Dadurch stellt er sicher, dass wir lebensbedrohliche Gefahren zu vermeiden lernen.

Dein Verstand kann sich aber nur auf ihm bereits bekannte Erfahrungen beziehen. Er kann nicht eigenständig völlig neue Ideen entwickeln. Wahre Inspiration stammt aus höheren Bewusstseinsebenen. Erfinder, Musiker, Künstler und Menschen, die neue Ideen, Impulse und Kompositionen zur Erde bringen, sind in solchen Momenten mit ihren höheren Bewusstseinsebenen verbunden, ob es ihnen nun bewusst ist oder nicht.

Mit Verstand meine ich hier nicht den »gesunden Menschenverstand«, der einen Teil unserer Weisheit darstellt, sondern das reine Kopfdenken, das direkt mit unserer Verletzungsebene verbunden ist. Meine geistigen Lehrer haben mich gelehrt, zwischen den Begriffen Gefühlen und Emotionen sorgfältig zu unterscheiden. Die positiven Gefühle wie Liebe, Freude, Vertrauen, Harmonie, Zufriedenheit, Erfüllung, Ekstase, Glückseligkeit, Sinn für die Schönheit der Schöpfung und viele mehr gehören zu unserem göttlichen Wesenskern, die negativen Emotionen hingegen zur Verletzungsebene, die unsere sämtlichen offenen Wunden und Traumata umfasst. Angst, Wut, Scham, Groll, Zweifel, Sorge, Unsicherheit, Verzweiflung, Hass, Gier, Neid, Eifersucht und vieles andere gehören ausschließlich zu unseren verletzten Seelenanteilen, die noch im alten Leid einer erlittenen Verletzung gefangen sind. Vielleicht meinst du sogar, sie würden unabdingbar zu dir gehören, doch dies ist glücklicherweise nicht die Wahrheit. Diese Emotionen sind *nicht* die Wirklichkeit unseres göttlichen Wesenskerns und existieren dort nicht. Wann immer du eine negative Emotion verspürst, fühlst du lediglich einen deiner verletzten Seelenanteile, der noch der Heilung bedarf. Glücklicherweise sind es keine Charakterzüge, sondern heilbare Wunden. Sie schlagen Alarm, sobald scheinbar Gefahr droht, denn auf keinen Fall möchten sie erneut Schmerz riskieren. Ihre Warnung hat jedoch keinen Bezug mehr zum Hier und Jetzt, denn sie fühlen noch immer das Leid einer uralten Verletzung. Über deinen nachdenkenden Verstand bringen sie ihre Ängste, Zweifel und Bedenken ein. Du grübelst ängstlich nach oder bezweifelst neue Schritte, statt sie einfach zu gehen.

Darüber hinaus verfügst du über jede Menge positiver Gefühle. Sie sind die Qualitäten deines wahren Wesens, deine »heilen« Seelenanteile, deren Kräfte du nutzen kannst. Sie fördern dein Wachstum. In ihnen befindest du dich außerhalb deiner Verletzungsebene und nur hier kannst du wahres Glück und Erfüllung empfinden.

Dein denkender Verstand ergibt gemeinsam mit den unverheilten Verletzungen dein sogenanntes Ego. Die lauten Stimmen der verletzten Anteile kommen dröhnend über deinen denkenden Verstand herein und halten dich in alten Ängsten und Zweifeln fest. Wenn du dich zu sehr mit ihnen identifizierst, können sie deine deutlich sanfteren Herzens- und Bauchgefühle lautstark übertönen. Kennst du das? Ein neuer Schritt steht an, doch dein Kopf bringt unzählige Zweifel und Gründe hervor, weshalb du ihn besser nicht gehen solltest. Hier bist du mit deiner Verletzungsebene verbunden und strandest in schlechten Emotionen. Von hier aus können keine guten Lösungen entstehen.

Wir haben es leider verlernt, unserer Intuition Glauben zu schenken und uns selbst zu vertrauen. Wir geben uns lieber Zweifeln und Ängsten hin. Diese Pfade sind meistens gewohnter und es fällt uns oft leichter zu resignieren, als mutig einen neuen Schritt zu gehen. Durch die Identifikation mit dem Leid wird ein überwiegend negatives Lebensgefühl erzeugt und das Leben erscheint unerfreulich und schwer.

Es ist ganz einfach so: Dein Verstand kann deine Wunden nicht heilen. Du kannst sie nicht durch Nachdenken heilen und auch nicht wegdiskutieren. Sie brauchen Zuwendung, Liebe, Sicherheit und weitere positive Gefühle. Sie sind nur durch den

Kontakt mit deiner Herzens- und Seelenebene heilbar. Vielleicht kannst du durch diese Erklärungen dein sogenanntes Ego jetzt liebevoll annehmen, ohne es zu verurteilen, und Mitgefühl für dein Ego entwickeln. Es ist nicht dein Feind, es muss nicht abgeschafft oder gar vernichtet werden. Dies wäre nur eine weitere, riesige Selbstverletzung.

Dein Ego besteht einfach nur aus einer Horde verletzter innerer Kinder, Teenager und vergangener Leben, die in ihren erlittenen Verletzungen gefangen geblieben sind. Du kannst sie liebevoll in die Arme nehmen und heilen, damit sie sich in positive Gefühle und Kräfte verwandeln.

Du darfst wieder lernen, deinen Fokus aus der Verletzungsebene zu lösen und ihn auf die positiven Gefühle deines wahren Wesenskerns auszurichten.

Verstandes- und Herzensstimme unterscheiden

Die Verstandesstimme gemeinsam mit den verletzten Seelenanteilen ist sehr laut und übertönt gerne die sehr viel feinere Herzens- und Seelenstimme. Die Gefühle der Herzensstimme sind nicht laut oder reißerisch. Sie sind ganz sanft und sorgen dafür, dass sich etwas entweder stimmig, gut, liebevoll, freudig oder aber unstimmig oder kompliziert anfühlt. Es gilt hier, die feineren Nuancen wahrzunehmen. Dies kann etwas Übung benötigen, wenn wir es gewohnt sind, auf unseren Kopf zu hören.

Die Herzens- und Seelenstimme fördern

Deine Seele und über sie auch dein Quellselbst sind durch energetische Ankerpunkte im Herzen und im Bauch mit deinem

Körper verbunden. Über die Bauch- und Herzensstimme spricht ihre sanfte Stimme zu dir. Sie ist schnell zu überhören, denn sie kommt aus deiner inneren Stille.

Übung 1: Ressourcenpool aus positiven Gefühlen anlegen
Der Pfad der negativen Emotionen ist zumeist sehr eingefahren, weil unsere vielen Inkarnationen zahlreiche Wunden hinterlassen haben. Du kannst dir als Gegengewicht einen Ressourcenpool aus positiven Gefühlen aufbauen, der dir wieder Halt und Freude gibt. Die Gefühle von Sicherheit und Geborgenheit sowie sanfte Herzensliebe sind hierbei äußerst hilfreiche Kernqualitäten, um dich in deiner inneren Mitte und deinem Herzen zu stabilisieren. Du kannst sie aus deiner Erinnerung oder durch Hilfsbilder in dir wachrufen. Lasse sie durch deinen gesamten Körper fließen, denn dadurch kann sich dein Fokus aus der Verletzungsebene lösen und positiv ausrichten.

Übe das Gefühl innerer Sicherheit und Geborgenheit
Stelle dir vor, dass du dich in eine warme Decke einkuschelst und spüre das wohlige Gefühl, das dabei entsteht.

Übe das Gefühl von sanfter Herzensliebe
Schreibe mit großen goldenen Buchstaben »Ich liebe mich« in dein Herzchakra und lasse den Satz behutsam schwingen. Oder atme alternativ Liebe von vorne durch dein Herzchakra ein und stelle dir vor, dass ihm Flügel wachsen.

Mit jedem Atemzug bewegt dein Herz seine Flügel. Spüre das sanfte Herzensgefühl, das dabei entsteht.

Positive Gefühle lassen sich tatsächlich üben, sie gehören zu einer stabilen Lebensbasis. Das Wunderbare daran ist, dass du deine Verletzungen dadurch nicht verdrängst, sondern sogar ihre

Heilung anregst. Sie benötigen innere Sicherheit, damit sie sich für Heilung überhaupt öffnen können.

Ich habe die Gefühle der inneren Mitte seinerzeit über einen Zeitraum von etwa fünf Wochen beim Einkaufen, Spazierengehen oder auch bei Alltagstätigkeiten geübt. Dabei habe ich meine Aufmerksamkeit täglich mehrfach in meinen Bauch-Beckenbereich gelenkt, die Gefühle von Sicherheit oder Geborgenheit aufgerufen, sie gefühlt und gehalten. Sekunden des Fühlens dehnten sich spielerisch zu Minuten und Stunden aus, bis ich sie nach ein paar Monaten dauerhaft fühlen konnte. So wurden sie ein Teil meines täglichen Grundgefühls.

Diese Art, sie zu üben, lässt sich überall einbinden und ist vollkommen alltagstauglich. Die positiven Impulse beginnen zudem deine erlebte Realität positiv mitzugestalten.

Das ist eine Übung, die ich dir auch für deine Herzensgefühle sehr ans Herz legen kann.

Übung 2: **Entscheidungen über das Herz treffen**
Bei dieser Übung geht es darum, Entscheidungen auf Herzensebene statt über den grübelnden Kopf zu treffen.

✢ *Lerne dein stimmiges und dein unstimmiges Herzensgefühl kennen*
Schließe die Augen und sage dir etwas, von dem du weißt, dass es wahr ist. Vielleicht sprichst du einfach deinen eigenen Vornamen aus? Spüre das Gefühl von Stimmigkeit, das diese wahre Aussage in deinem Herzen auslöst.

Danach nenne dich innerlich bei einem falschen Vornamen. Spüre dabei in dein Herz hinein und nimm das Gefühl von Unstimmigkeit wahr, das durch die unwahre Aussage entsteht. Möglicherweise erscheinen dir die Unterschiede zunächst recht fein und erfordern ein wiederholtes Hineinspüren.

✧ Verstärke dein Herzensgefühl

Schreibe mit großen goldenen Buchstaben »Ich liebe mich« in dein Herzchakra und spüre das zarte Herzensgefühl, das dabei entsteht. Vielleicht spürst du auch eine leichte Freude. Liebe und Freude sind die Kernqualitäten deines Herzens.

Ebenso kannst du Liebe von vorne durch dein Herzchakra einatmen und dir vorstellen, dass ihm Flügel wachsen. Mit jedem Atemzug bewegt dein Herz seine Flügel.

Finde die Übung, mit der du dein Herzensgefühl am besten auslösen und spüren kannst.

✧ Entscheidungen über das Herz treffen

Wähle eine anstehende Entscheidungsmöglichkeit aus und stelle sie geistig vor dich. Spüre in dein Herzchakra in der Mitte der Brust und fühle zu ihr hin. Ruft sie ein stimmiges, zartes Gefühl von Liebe und/oder Freude in dir hervor? Wenn ja, hat hier deine Herzensstimme gesprochen. Passende Möglichkeiten fühlen sich immer gut, stimmig, liebevoll und freudig an, unpassende hingegen unstimmig oder auch kompliziert. Auf diese Weise kannst du verschiedene Möglichkeiten durchgehen.

Wenn eine anstehende Entscheidung starken emotionalen Druck bei dir auslöst, könnte diese Übung gerade ein wenig zu schwierig für dich sein, weil deine Verletzungsstimmen lautstark dazwischenrufen werden. Übe dann am besten erst einmal mit leichteren Entscheidungen. Die Herzens- und Bauchgefühle erscheinen gerade zu Beginn in recht feinen Nuancen und werden erst mit der Übung deutlicher.

Übung 3: Die Bauchstimme aktivieren

Intoniere den Vokal »U« in einer möglichst tiefen Tonlage, so dass du die Vibrationen, die dabei erzeugt werden, im Bauchbereich spürst. Bei richtiger Durchführung erzeugt das laut und langgezogen getönte »Uuuuuuuu« ein leichtes Vibrieren im Bauch-Beckenbereich und ruft dort ein wohliges Gefühl hervor. Intoniere das »U« und spüre dann in den Bauch nach. Auf diese Weise kannst du ein angenehmes Bauchgefühl erleben. Vielleicht sind ein paar Versuche nötig, bis es richtig gelingt, aber dann ist es wirklich sehr angenehm.

Weiterhin kannst du deine warmen Hände auf deinen Bauch legen und ihn mit sanft kreisenden Bewegungen streicheln. Hast du dein wohliges Bauchgefühl einmal wiedergefunden, kannst du es durch deine Erinnerung ein ums andere Mal aufrufen und fühlen. Dein Bauch wird wieder zu einem einladenden Ort des Wohlgefühls und deine Intuition über die Bauchstimme wird für dich wieder besser zugänglich.

Den Verstand ins Herz sinken lassen

Unser Verstand ist besonders in den westlichen Kulturen während der letzten Jahrhunderte stark überfordert worden. Wir haben uns zu einer Leistungsgesellschaft entwickelt, in der allein Daten und Fakten zählen. Doch wenn man sein Leben einzig und allein aus dem Kopf heraus lebt, ohne die Herzens- und Körperebene einzubeziehen, ist das Ergebnis eine kalte, harte, verwirrende und überfordernde Realität.

Je intensiver wir auf das Kopfdenken fokussiert sind, desto stärker spüren wir negative Emotionen. Wenn wir stark grübeln, ist dies zudem ein Zeichen dafür, dass uns gerade unerlöste Verletzungen aus vergangenen Leben im Wege stehen. Setze deinen Verstand deshalb am besten bildlich in einen Liegestuhl in eine schöne Landschaft. Der arme Kerl darf sich wirklich mal erholen. Bitte ihn um Vergebung und schenke ihm Ruhe. Auf der Herzensebene erleben wir ein positives Frequenzband der Realität,

163

denn hier strömt unsere Seele in unser Leben hinein. Unsere guten Gefühle spiegeln sich gemäß dem Resonanzprinzip und erzeugen eine positiv erlebte Realität.

Wir dürfen lernen, den Verstand ins Herz sinken zu lassen und die beiden miteinander zu verbinden. Deine Gedanken dürfen liebevoll erfüllt sein.

Übung: Spüre dein Herzensgefühl und atme es sanft in deinen Kopf hinauf. Hülle dein Gehirn in deine Herzensgefühle ein und lasse die Energie danach wieder in dein Herz hinabfließen. Nimm dein Herzchakra und dein Gehirn gleichzeitig liebevoll wahr und lasse beide in Liebe schwingen. Auf diese Weise regst du ihre harmonische Verbindung an.

Die Geschichte vom Verstandes- und vom Herzensmenschen

Zum besseren Verständnis möchte ich gerne eine kleine Geschichte von zwei Menschen erzählen, die ich Verstandesmensch und Herzensmensch nennen möchte. Beide sind absichtlich einseitig dargestellt, im richtigen Leben erleben wir natürlich Mischformen. Beide Figuren dieser Geschichte reisen am selben Tag in dasselbe Dorf. Der im Herzen verbundene Mensch wird den Ort auf eine ganz andere Weise erleben als der Mensch, der sich auf das reine Denken fokussiert hat.

Dem Verstandesmenschen bleibt die wahre Schönheit des Ortes, der Natur, der Menschen und der Tiere verborgen. Er kann sich nicht richtig entspannen und langweilt sich schnell, wenn nicht gleich etwas Aufregendes passiert. Auf dem Dorfplatz steht nur ein langweiliger Baum und das Gekreische der dort spielenden Kinder geht ihm auf die Nerven. Gedanklich schweift er sofort zu noch unerledigten Aufgaben auf seiner Arbeitsstelle ab. Das macht ihm richtig schlechte Laune und auch die Dorfbewohner, die ihm begegnen, schauen eher griesgrämig drein. Missmutig irrt er im Dorf umher und kann das Museum nicht finden, das er eigentlich besuchen wollte. In dem kleinen Café, in dem er sich nachmittags völlig entnervt einen Kaffee zum Mitnehmen ordert, muss er seine Bestellung gleich drei Mal wiederholen, ehe die Kellnerin auf ihn reagiert.

Zurück auf der Straße ziehen auch noch dunkle Wolken auf und er schimpft lautstark über den einsetzenden Regenschauer. Er ist gezwungen, sich an der nächsten Hausecke unterzustellen. Wann hört dieses blöde Unwetter nur wieder auf? So eine Ungerechtigkeit! Tausende Gedanken, wie er seine Zeit besser nutzten könnte, erzeugen quälende Unruhe. Verärgert steckt er seine Hände in die Taschen und trippelt nervös vor dem überdachten Hauseingang hin und her, zu dem er sich gerettet hat. Jetzt ist er auch noch in eine Pfütze getreten und der inzwischen kalt gewordene Kaffee schmeckt fürchterlich.

Eigentlich wollte er noch das Museum besichtigen, aber der dumme Regen hat alles kaputtgemacht. Wäre er doch Zuhause geblieben! Er hatte sich extra einen Tagesplan erstellt, was er hier alles unternehmen wollte. Er deckt sich gerne mit jeder Menge Beschäftigung ein, um seine Probleme zu verdrängen. Darunter bleibt ihm die positive Gefühlswelt seines Wesenskerns jedoch verborgen. Für eine Weile zumindest. Aber so sehr er seine belastenden Emotionen auch zu unterdrücken versucht, sie zeigen sich unverschämterweise immer wieder durch schlechte Laune, Unzufriedenheit, Wut und Angst.

Der herzensorientierte Mensch hingegen macht am selben Tag wie durch ein Wunder ganz andere Erfahrungen. Er bewundert die Schönheit einer prachtvollen Linde mitten auf dem Dorfplatz, die ihn zum Verweilen einlädt. Das fröhliche

Lachen der dort spielenden Kinder beglückt ihn und er lacht mit ihnen. Die Eltern der Kinder sitzen auf Bänken unter dem Baum. Sie feiern gerade ein kleines Familienfest und laden ihn spontan auf ein Stück Kuchen ein. Danach geht er in den Wald und entdeckt einen kleinen Bachlauf. Er labt sich an dem erfrischenden Quell, während Sonnenstrahlen durch die Baumkronen tanzen und den Wald märchenhaft erscheinen lassen. Er genießt diesen ganz besonderen Zauber, die lebendige Vitalität der Natur inspiriert ihn. Das Quellwasser schmeckt herrlich und die melodischen Vogelstimmen berühren ihn tief, in diesem einzigartigen Naturtempel des Waldes. Sein Gefühl hat ihn zu diesem besonderen Ort geführt.

Der Herzensmensch kann sich an den verschiedensten kleinen Dingen erfreuen. In seinem entspannten Lebensgefühl hält er unwillkürlich Kontakt zu seiner Seele und seinem Herzen. Positive Resonanzen führen ihm nur stimmige Erlebnisse und Begegnungen zu. Der Ort kann ihm seine Schönheit zeigen, weil er sie offenen Herzens erkennen und annehmen kann. Der Herzensmensch nimmt sich selbst und die Umwelt über sein Herzensgefühl wahr statt über die Verletzungsebene. Er verurteilt den Regenguss, der selbstverständlich erst nach seinem Spaziergang niedergeht, nicht als schlimmes Ereignis, sondern nutzt ihn, um in einem gemütlichen Café zu pausieren. Die freundliche Kellnerin serviert ihm einen leckeren Kaffee und über den Platzregen kommt er mit seinem Tischnachbarn ins Gespräch. Der Herzensmensch strahlt Offenheit für herzliche Kontakte und Ereignisse aus, während den Verstandesmenschen eine kühle Aura der Ablehnung und Verurteilung umgibt.

Der Verstandesmensch wird den Ort verlassen und urteilen: »Oh Mann, was war der Tag ätzend, der Ort langweilig, das Museum habe ich gar nicht erst gesehen und der Kaffee war furchtbar. Ich bin nur mies gelaunten Menschen begegnet und zu allem Überfluss hat es auch noch den ganzen Tag geregnet. Ich bin heilfroh, hier endlich wegzukommen!«

Der Herzensmensch verlässt denselben Ort am selben Tag mit den Gedanken: »Was für ein zauberhafter Ort! Die Menschen hier sind so gastfreundlich. Ich habe einen wunderschönen Waldspaziergang bei strahlendem Sonnenschein gemacht. In dem kleinen Museum habe ich eine Rarität entdeckt, die ich schon immer mal sehen wollte, und auf einer Wiese tanzten bunte Schmetterlinge, von denen sich sogar welche auf meine Hand setzten. Und als es nach meinem Spaziergang regnete, saß ich schon in einem gemütlichen Café und plauderte so nett mit einem Dorfbewohner. Er hat mich zu sich eingeladen und ich werde sicherlich bald wiederkommen.«

In dieser kleinen Geschichte befinden sich zwei Menschen zur selben Zeit am selben Ort und erleben aufgrund ihres unterschiedlichen Bewusstseinszustandes zwei völlig verschiedene Realitäten. Gemäß dem Resonanzgesetz spiegeln ihre Gefühle, Überzeugungen und Ausrichtungen ihre innere Welt im Außen.

Der Verstandesmensch nimmt seine Umwelt hauptsächlich über seine Bewertungen wahr und beurteilt alles als gut, schlecht, langweilig oder sonst etwas, doch in Wahrheit fühlt er seine unverheilten Verletzungen. In dieser Resonanz der Negativität und Trennung verlaufen die Begebenheiten disharmonisch für ihn. Währenddessen gelangt der Herzensmensch ganz selbstverständlich zu erfüllenden Stationen seines Ausflugs, die im Einklang mit seiner inneren Harmonie sind. Seine Herzensimpulse erzeugen eine wundervolle Synchronizität. Selbst vermeintlich negative Geschehnisse wie der Regen treten genau zum richtigen Zeitpunkt auf und führen sogar noch zu weiteren bereichernden Erlebnissen.

Es ist an der Zeit, unseren armen Verstand aus seiner Überforderung zu entlassen. Er wurde nie dazu erschaffen, unsere Lebensthemen zu lösen. Tausende von Gedanken möchten zur Ruhe kommen. Der Verstand liegt als gestresster Krieger erschöpft am Boden und braucht dringend eine Pause. Er darf endlich wieder seinen richtigen Platz einnehmen. Wenn wir unseren Verstand ablehnen und verurteilen, bleiben wir auf der Verletzungsebene gefangen und versäumen es, in unser Herz zu fühlen. Nehmen wir den Verstand doch lieber mit in unser Herzensgefühl und geben ihm ein neues, warmes Zuhause. Er darf ins Herz sinken, unsere Gedanken dürfen liebevoll erfüllt sein.

Mediale Wahrnehmung ist nicht über die Verstandes- und Verletzungsebene zugänglich. Einzig die Herzensebene öffnet die Tore zur Medialität und zur Seinsebene.

Hier im Herzen sind wir in Verbindung mit innerer Sicherheit, Unbegrenztheit, Gelassenheit und Liebe und hier können wir unsere Realität selbst gestalten. Hier befindet sich der Punkt der inneren Stille und nur hier kommen wir wieder mit unserem schöpferischen Potenzial in Kontakt.

Das Resonanzgesetz

Das Resonanzgesetz ist für unser Leben wohl das wichtigste universelle Gesetz. Es erklärt so einiges: Es ist das Prinzip der Anziehung, Gleiches zieht Gleiches an. Manchmal wird es auch Spiegelgesetz genannt, weil die äußere Realität unsere innersten Gefühle und Überzeugungen spiegelt. Dabei sollte man allerdings die Spiegel nicht eins zu eins zu übertragen, das würde zu Fehlannahmen führen. Begegnen dir beispielsweise Autoritäten im Außen, die dich zu unterdrücken versuchen, was dich wütend oder hilflos macht, bedeutet dies nicht, dass du in Wahrheit selbst eine autoritäre Person bist. Es weist lediglich darauf hin, dass du Unterdrückung durch Autoritäten erfahren hast und es verletzte

Anteile in dir gibt, die sich nach wie vor wütend und hilflos fühlen. Du darfst dann lernen, deinen Selbstwert zu stärken und dich anderen gegenüber gleichwertig zu fühlen.

Das Resonanzgesetz erklärt einwandfrei die Höhen und Tiefen unseres Lebens. Wenn wir es richtig verstehen, kann es uns einiges ersparen. Resonanz bedeutet Mitschwingen. Alles in unserer Realität schwingt mit uns mit und bestätigt entweder unsere positiven Gefühle oder unsere negativen Emotionen und Ausrichtungen. Die meisten negativen Resonanzen beruhen auf unseren unbewussten Opferrollen. Gerade in der Kindheit benötigt unsere Persönlichkeit erst noch liebevollen Aufbau, indem unsere Grundbedürfnisse nach

- Liebe
- Freude
- Zuwendung
- Anerkennung
- Akzeptanz
- Sicherheit
- Geborgenheit
- Nähe
- Fürsorge
- Verständnis
- Wahrheit
- Vertrauen
- Nahrung
- Obdach

erfüllt werden. Als Babys und Kinder orientieren wir uns über die Gefühlsebene und nehmen hierüber unsere Eltern als Vorbild wahr. Bleiben eines oder mehrere der Grundbedürfnisse für uns unerfüllt, weil unsere Eltern selbst verletzt waren und sie uns diese nicht geben konnten, entsteht daraus eine tiefe Bedürftigkeit, die wir unentwegt zu erfüllen versuchen. Wir suchen dann im Außen nach den fehlenden Gefühlen von Liebe, Zuwendung, Bestätigung, Wertschätzung, Sicherheit, Vertrauen und beginnen unbewusst eine Opferrolle zu leben. Wir laufen hinter anderen Menschen her und erwarten, dass sie uns doch mit diesen Gefühlen versorgen mögen. Gemäß dem Resonanzgesetz werden wir diese im Außen aber nicht finden, an keinem Ort und bei keiner Person, solange wir sie nicht in uns selbst fühlen und integrieren.

Stattdessen wird unsere Opferrolle im Außen bestätigt und wir finden keine Erfüllung, sondern geraten in immer tieferen Mangel und größere Not. Das, wonach wir am dringendsten suchen, bekommen wir am allerwenigsten.

Suchen wir aus Bedürftigkeit nach Liebe, so kann sie im Außen nur enttäuscht werden. Unsere Beziehungen werden nicht funktionieren und nicht liebevoll sein.

Wenn wir die Liebe in uns selbst nicht annehmen, können wir sie auch nicht weitergeben. Suchen wir bedürftig nach Anerkennung, werden wir wahrscheinlich niemals ein Lob erhalten. Mangel führt immer nur zu mehr Mangel. Nicht unsere dringendsten Wünsche und Hoffnungen werden erfüllt, sondern die Verzweiflung, Wut und Traurigkeit unserer verletzten Anteile werden im Außen reflektiert und bestätigt.

Inzwischen sind wir längst erwachsen. Wir dürfen die Erwartungen an andere Personen loslassen, dass sie unsere Bedürfnisse erfüllen mögen, denn dies wird so nicht funktionieren. Es wird stattdessen Abhängigkeiten erzeugen und die alten Wunden nur noch tiefer aufreißen. Wir dürfen lernen, Eigenverantwortung zu übernehmen und uns selbst mit allen Gefühlen und Bedürfnissen zu versorgen, die wir benötigen, denn dann sind wir unabhängig vom Außen und werden positiv bestätigt.

Fühlen wir Liebe und Wertschätzung in uns, so werden wir auch im Außen reichlich davon erhalten.

Werde dir über deine unerfüllten Grundbedürfnisse bewusst und erfülle sie dir selbst, indem du deinen Ressourcenpool mit positiven Gefühlen auffüllst, deine Verletzungen heilst und mutig neue Schritte der Veränderung gehst.

Negativen Resonanzen auf die Spur kommen

Wie kannst du deinen negativen Resonanzen, die aus deinem Unterbewusstsein heraus deine Realität mitgestalten, am besten auf die Spur kommen? Frage dich dazu: Welche Emotion löst eine unangenehme Situation oder Begegnung in dir aus? Ist es vielleicht Hilflosigkeit, Wut, Angst, Scham, ein Schuldgefühl, Eifersucht, Versagensangst oder Traurigkeit? Deine negative Emotion gibt dir die Antwort.

Dein verletzter Seelenanteil bringt sie hervor. Er führt zu dieser negativen Resonanz. Welches positive Gefühl der oben genannten Grundbedürfnisse benötigst du, damit diese negative Resonanz ausbleibt? Fülle dich damit auf. Du kannst es über deine Erinnerung erzeugen.

Wenn wir verletzende Situationen nicht verarbeiten, sinken sie in unser Unterbewusstsein ab und bilden dort unsere Verletzungsebene. Sie sind es, die unsere negativen Resonanzen ermöglichen. Sie sind wie eine offene Wunde, ohne Schutz und Pflaster. Neue Ereignisse oder Begegnungen lösen den alten Schmerz immer wieder aus und laden uns ein, etwas so zu verändern, dass wir damit unserem Lebensglück näherkommen.

Prüfe einmal für dich, ob du noch mit einer Opferhaltung aufgrund alter Verletzungen identifiziert bist. Kennst du die folgenden Überzeugungen oder Glaubenssätze?

Dies sind unsere häufigsten negativen Resonanzen:

- Ich fühle mich wertlos, ungeliebt und als Opfer.
- Das passiert immer nur mir.
- Allen anderen geht es besser als mir.
- Daran kann ich sowieso nichts ändern.
- Liebe, Lebensglück, Familie, Freude und Erfolg gibt es nur für andere, aber nicht für mich.
- Ich fühle mich hilflos und machtlos.

Solche Glaubenssätze und Mangelzustände gestalten entsprechend unangenehme Ereignisse in unserer Realität. Sie erzeugen den äußeren Spiegel in Form aller möglichen Situationen und Begegnungen unseres Lebens.

ℰℑ Personen

Andere Menschen berühren zwangsläufig unsere nicht verheilten Wunden. Dies äußert sich in unangenehmen Begegnungen. Wir ziehen immer wieder Menschen an, die uns nachteilig behandeln, wenn wir beispielsweise unseren Selbstwert noch nicht angenommen haben und uns in einer Opferrolle befinden. Sind unsere Wunden verheilt, so sind mit demselben Menschen durchaus positive oder zumindest neutrale Begegnungen möglich. Sie können uns dann ihre Schokoladenseite zeigen und werden ihre unerlösten Themen mit anderen Personen ausagieren, zu denen sie noch in negativer Resonanz stehen. Heilen wir unsere Wunden, wandeln sich die darin gebundenen negativen Emotionen augenblicklich in positive Gefühle und Kräfte, die dann erfreuliche Begegnungen in unser Leben einladen.

ℰℑ Körper

Auch unser Körper gibt uns Rückmeldungen über unsere Lebensführung. Unser Bewusstsein hat ihn aus Energie geformt.

Wir bewohnen ihn für dieses Leben, er ist ein Teil von uns und sehnt sich nach unserer Zuwendung, Akzeptanz und Liebe. Der Körper ist ein zutiefst gutmütiges Wesen, der wirklich alles für uns tun möchte, damit es uns gut geht. Oftmals sehen wir ihn aber leider eher als Feind, vor allem, wenn er krank wird oder vielleicht an manchen Stellen nicht ganz so aussieht, wie wir es uns eigentlich wünschen. Jegliche Erkrankungen und ästhetische Vorbehalte sind jedoch nur eine Folge unserer verdrängten Themen. Wenn wir unbefriedigende Lebenssituationen nicht verändern, dann kann die dadurch blockierte Energie unseren Körper irgendwann schädigen und sich über Krankheiten ausdrücken. Unser Körper kann wirklich eine erstaunliche Menge aushalten, aber da er als Materie aus der dichtesten Energie geformt ist, reagiert er eher träge und bringt unsere Probleme oft erst nach langer Zeit zum Ausdruck.

෩ Haustiere

Unsere geliebten Haustiere sind wundervolle Begleiter und in manchen Fällen sogar inkarnierte geistige Lehrer oder Mitglieder unserer Seelenfamilie. Sie nehmen die Energien ihrer Halter auf und können ebenfalls deren innere Zustände spiegeln. Mit Verhaltensauffälligkeiten oder Erkrankungen weisen sie uns in den meisten Fällen auf unsere unerlösten Themen hin, seltener ist so etwas wirklich ein Thema des Tieres. Dabei spielt es überhaupt keine Rolle, ob das Haustier eine Katze, ein Hund, Hamster, Meerschweinchen oder auch ein Fisch, Reptil, Pferd, Vogel, eine Kuh oder ein anderes Tierwesen ist.

෩ Autos

Sogar an unseren Autos können wir etwas über unser Innenleben ablesen, denn sie nehmen ebenfalls einen großen Teil unserer Energien und emotionalen Abstrahlungen auf. Wenn häufiger Schäden an diesem für uns so wichtigen Transportmittel auftreten, trifft das zum Beispiel grundlegende Aussagen über uns selbst. Streikt vielleicht ein beschädigtes Teil häufig, etwa Motor, Getriebe oder Anlasser? Geht uns oft der Treibstoff aus? Das lässt interessante Rückschlüsse auf unsere eigene Verfassung zu. Aber es gilt auch andersherum: Wenn du dein Auto mit Freude fährst, wird es sich mit positiven Energien aufladen. Beim Kauf eines Gebrauchtwagens reinige ihn am besten mit der weiß-violetten Flamme, um alle Energien des Vorbesitzers gründlich zu entfernen, und falls du später Schwierigkeiten hast, dein Auto wieder zu verkaufen, so reinige es ebenfalls wieder mit der weiß-violetten Flamme. Ich habe für meine Klienten damit ganz erstaunliche Erfolge erzielt.

✎ Zufälle

Es gibt keine Zufälle im Leben. Alle Situationen, ganz gleich ob positiv oder negativ, und erscheinen sie uns auch noch so überraschend, haben wir auf irgendeiner Ebene unseres Bewusstseins zu irgendeinem Zeitpunkt selbst erschaffen. Natürlich möchte niemand bewusst krank oder unglücklich sein.

Doch wie bereits beschrieben, kreieren unsere verdrängten Probleme unbewusst die Dramen unseres Lebens.

Wir sind aufgerufen, die Verantwortung für alles »Schöne« wie »Schlechte« in unserem Leben selbst zu übernehmen, denn wir haben auch die Grundlage für sämtliche Ereignisse selbst gelegt, ob uns das nun bewusst war oder nicht. Niemand im Außen ist schuld. Andere Personen reagieren einfach nur auf unsere Resonanzen und spiegeln uns entweder unsere nicht verheilten Wunden oder unsere verwirklichten Kräfte.

Jedes negative Ereignis ist eine Einladung an uns innezuhalten und nachzuprüfen, was wir in uns noch erlösen oder aktiv verändern können. Wir dürfen Bewertungen loslassen, denn auch die vermeintlich »schlechten« Dinge im Leben können im Nachhinein betrachtet ein großer Gewinn sein. An unseren Herausforderungen werden wir immer nur wachsen.

ᴄᴏ Situationen

Für alle schönen Ereignisse dürfen wir uns selbst glücklich auf die Schulter klopfen. Wir haben sie uns verdient. Es sind keine zufälligen Geschenke, wir haben sie aufgrund unserer wundervollen Qualitäten und durch die Ausrichtung unseres Herzens selbst erschaffen. Alle negativen Situationen laden uns, ein näher hinzusehen und unsere negativen Resonanzen zu verändern. Das Channeln kann uns dabei eine große Unterstützung sein, um die Ursachen und neue Schritte beleuchten zu können.

Bewusste Lebensveränderungen, Umdenken, Erkenntnisse, verschiedene Heilweisen und ähnliches können uns aus alten Verstrickungen in Leid, Drama und Krankheit hinausführen und helfen, den größten Ballast zu erlösen.

Manche Menschen erfahren in sehr entspannten Zuständen plötzliche Erleuchtungserlebnisse. Dort schiebt sich der Fokus, durch die tiefe Entspannung, aus den Verletzungen heraus und blickt in die eigene Göttlichkeit. Doch wenn zu viele noch nicht erlöste Verletzungen im Weg stehen, kann dieser erleuchtete Zustand nicht dauerhaft beibehalten werden. Der Fokus des Bewusstseins wird dann wieder zurück in die noch nicht ganz erlöste Verletzungsebene gezogen.

Loslassen von Anhaftungen

Ein großes Problem liegt in unseren Anhaftungen. Das zeigt sich etwa, wenn wir unseren Fokus ständig in negativen Emotionen halten, statt uns auf eine positive Lösung auszurichten. Unsere

Aufgabe ist es dann zu lernen, dass es kein Scheitern und keine Fehler im Leben gibt. Begegnen uns Situationen, die uns nicht gefallen, dürfen wir uns auf das Entlarven unserer Resonanzen ausrichten und mutig neue Schritte gehen.

Lösen wir doch den Bewusstseinsfokus von dem Problem und identifizieren wir uns wieder mehr mit den positiven Gefühlen aus unserem Ressourcenpool, mit unserem Herzen und unserer Göttlichkeit. Dann steuern wir in eine Richtung, in der uns die liebevolle Führung unserer Seele wieder erreichen und mit neuen Lösungen versorgen kann.

Übung 1: Den Fokus auf die Lösung richten

Wenn du in einer negativen Situation feststeckst, channele deine Seele und frage sie, welche Qualitäten du hier brauchst, um deine Schritte weitergehen zu können.

Fehlt es an Mut, Frieden, Liebe, Freiheit, Selbstwert? Versorge dich mit diesen Gefühlen und richte deinen Fokus auf Lösungsschritte aus. Frage deine Seele nach dem nächsten sinnvollen Schritt und achte auch im Alltag auf Inspirationen, die durch deine geistige Führung zu dir fließen.

Manchmal braucht es mehr, als in dieser Übung beschrieben ist. Die Ursachen unserer Probleme können vielschichtig sein und manchmal auch mehrere Heilschritte auf unterschiedlichen Ebenen erforderlich machen. Dennoch ist dieser Vorschlag ein sehr guter erster Schritt, der zur Lösung einiger Probleme durchaus schon genügen kann.

Übung 2: Den Alltag über die Herzensebene ordnen

Wenn dir Alltagsaufgaben über den Kopf wachsen und du nicht mehr weißt, was du zuerst machen sollst, entscheide am besten nicht über deinen grübelnden Verstand. Tritt innerlich einen Schritt von dem Problem zurück. Prüfe über dein Herzensgefühl: Was kann ich als Nächstes erledigen? Welche Aufgabe fühlt sich am stimmigsten an? Fühlt es sich besser an, zuerst Einkaufen zu fahren oder sich um die Post zu kümmern? Vielleicht kommt intuitiv auch eine andere Reihenfolge, als du sie dir vorgestellt hast. In jedem Fall wirst du bemerken, dass sie dir so viel leichter von der Hand geht.

Prüfe, welche Tätigkeit sich als Nächstes stimmig anfühlt und versuche, deine Vorhaben auf diese Weise zu strukturieren. Dadurch gibst du deiner Seele die Möglichkeit, dir dabei zu helfen. Mit etwas Übung wirst du feststellen, dass du sehr viel flexibler und leichter durch dein Leben gehst und eine sehr gute und schnelle Intuition entwickelst.

Übung 3: Dein Herzchakra entfalten: Liebe senden und empfangen

∽ *Liebe senden und empfangen*

Mit dieser Übung kannst du dein Herzchakra weiter öffnen. Bevor du einen Wald, Park oder einen anderen Ort in der Natur betrittst, bleibe einen Moment lang davor stehen und sende Liebe aus deinem Herzen in die Landschaft und zu den dort lebenden Wesen.

Du kannst dies in allen Landschaften tun, die du besuchst. Es ist eine ganz wundervolle Übung zur Herzensöffnung. Deine Herzenssendung wird unmittelbar beantwortet und sofort Liebe in dein Herz zurückfließen.

Die Bewohner der Landschaft nehmen deinen liebevollen Gruß wahr und werden ihn mit Liebe beantworten.

Nimm auf deinem Spaziergang Bäume, Pflanzen und Tiere, die dir begegnen, mit deinem Herzen wahr. Betrachte sie mit liebevollen Augen. Sie werden wunderschöne Herzensgefühle auslösen und deine Seele erfreuen.

✑ *Liebe rund um die Erde senden*

Stelle dir die Erde als große Kugel unter deinen Füßen vor. Umspanne sie mit deiner Aufmerksamkeit und sende Liebe aus deinem Herzen rund um die Erde. Bitte darum, dass deine Liebe alle Wesen und Orte erreicht, die bereit sind, sie zum höchsten Wohle aller Wesen anzunehmen. Vielleicht kannst du beobachten, wie einige Menschen jubeln und deine Liebessendung in ihrem Herzen annehmen.

Lasse deine Liebe rund um die Erde fließen und spüre, wie sie stärker wird und andere Wesen darauf antworten, was sie abermals verstärkt. Spüre, wie Liebe zu dir zurückfließt, genieße sie und lasse sie erneut um das Erdenrund fließen.

✑ *In Selbstliebe baden*

Bade in den wohligen Gefühlen deiner Herzensliebe. Sage dir dabei innerlich: Ich vergebe mir selbst für alles, was ich jemals erlebt und getan habe. Ich vergebe allen anderen Wesen und bitte sie meinerseits um Vergebung.

Geben und Annehmen sollten immer im Gleichgewicht sein. Du bist die wichtigste Person in deinem Leben und darfst dafür sorgen, dass es dir gut geht.

Bade in den angenehmen Gefühlen deines Herzens und lasse dich von ihnen erfüllen.

Warum ich das alles eigentlich erzähle

Ich habe Menschen getroffen, die meinten, sie würden wohl ewig in Verletzungen, Leid und Drama stecken bleiben und es als unveränderliches Schicksal akzeptieren müssen.

Früher dachte ich das auch, doch heute kann ich dem glücklicherweise widersprechen. Ich bin selbst einen intensiven Heilweg gegangen, der sich mehr als gelohnt hat. Auch ich dachte, ich müsste wohl ewig unglücklich, krank und allein bleiben. Zwei Jahre intensiver Arbeit mit der Heilung von verletzten Seelenanteilen und der Auflösung von karmischen Verstrickungen führten bei mir zu erstaunlichen Veränderungen, die mich mit purem Lebensglück und Freude belohnten.

Was für ein markanter Unterschied zu den langen Leidensjahren zuvor. Es gibt immer eine gute Lösung. Unsere inneren Heilwege nehmen vielleicht etwas Zeit in Anspruch, aber es ist eine Zeit, die man sich selbst schenkt. Jeder Schritt auf unserer großen Lebensreise ist wichtig und heilig, denn er erschafft Wissen und Erfahrungen, die uns bereichern.

Generell kannst du alle Fragen channeln, die sich aus deinen Lebensumständen ergeben. Worauf weist mich der wiederholt streikende Anlasser in meinem Auto hin? Was möchte mir mein Hund mitteilen, der immer wieder meine Schuhe zerbeißt? Welchen Schritt kann ich gehen, um meinen ungeliebten Job zu wechseln, oder wäre die Selbstständigkeit geeigneter für mich? Warum gibt es Probleme in meiner Beziehung?

Das sind alles Fragen, mit denen wir in unserem Leben konfrontiert sein können – und sie alle lassen sich ausnahmslos per Channeling beantworten.

10

Erlebe eine mediale Abenteuerreise in die Natur

>> Die Welt ist voller Wunder. Sei bereit,
sie zu entdecken!<<

Eine Landschaft im Herzen betreten

Du kannst deine medialen Wahrnehmungen ganz spielerisch bei Spaziergängen in der Natur trainieren. Fühle dazu einfach in dein Herz, bevor du einen Landschaftsabschnitt betrittst, und schicke sanfte Liebe an diesen Ort sowie an alle Tiere, Pflanzen und Naturwesen, die dort leben. Sie werden dir sofort Liebe zurückschicken, empfange und spüre sie. Und dann bitte achtsam um Einlass in den von dir besuchten Ort und um Führung, wenn du dich dort aufhältst. Auf diese Weise kannst du ihn auf der Herzensebene betreten und bist sofort mit deiner medialen Ebene verbunden, die dir erweiterte Wahrnehmungen ermöglicht. Die Naturwesen spüren, dass du achtsam und auf Herzensebene vorgehst und werden sich dir sehr gerne öffnen und dich mit schönen Begegnungen beschenken können. Dir werden Dinge auf deinem Spaziergang auffallen, die du sonst gar nicht wahrgenommen hättest. Du wirst dich wahrscheinlich ein bisschen wie Alice im Wunderland fühlen.

Um deine Wahrnehmung etwas anzustubsen, kannst du dir vorstellen, wie die Landschaft wohl aus der Perspektive der kleineren Naturwesen aussehen könnte. Wie wäre es, wenn du unter einem kleinen Erdbeerblatt stehst, das nun plötzlich die Größe eines Sonnenschirms für dich hat? Wie sieht die Landschaft aus dieser Perspektive aus? Auf diese Weise kannst du deinen Fokus spielerisch aus dem Verstand lösen und dich etwas auflockern. Betrittst du den Ort auf Herzensebene, ist dir die wohlwollende Aufmerksamkeit der Naturwesen sofort gewiss. Wenn der Wind durch deine Haare streicht, berühren dich Windwesen mit ihrer spielerischen Leichtigkeit. An den Gewässern begrüßen dich Wasserwesen und vielleicht kommst du an einem Zwergendorf oder einer Elfenkathedrale vorbei. All deine Assoziationen werden nicht deiner Fantasie oder Einbildung entspringen, wenn du im Herzensgefühl bist. Gehe davon aus, dass sich hier mediale Wahrnehmungen zeigen. Du wirst dich wundern, was du bei einem solchen Ausflug auf Herzensebene alles erleben kannst. Du kannst alle Wesen des Ortes channeln. Frage sie einfach liebevoll, ob sie einverstanden sind, und lasse den Austausch fließen.

Sei willkommen in einer faszinierenden Welt voller Wunder und Überraschungen!

Ein medialer Ausflug in den Park

Unglaubliche Welten hinter den Kulissen

Speziell für dich, liebe Leserin oder lieber Leser, möchte ich jetzt einen Ausflug in einen Park unternehmen und habe bereits die Bitte ausgesandt, dass mir die dortigen Bewohner ausgewählte Botschaften und Einblicke für dich geben mögen. Im Herzen und auf der Ebene der Einheit gehen wir gemeinsam dorthin und ich schreibe nur alles für dich auf.

Wir werden nicht nur einen Spaziergang machen, bei dem wir die Landschaft bestaunen, sondern viel tiefer eintauchen, in die Herzens- und Seelenebene, auf der alle Wesen dieselbe Sprache sprechen. Du lernst eine wundervolle Welt jenseits des Sichtbaren kennen, die den Blick in eine andere Wirklichkeit freigibt. Tauche mit mir ein in die geschilderten Erlebnisse, um deinen Zugang zu trainieren. Begleite mich in die Reiche der Naturwesen und Tiere, damit dir bewusst wird, was sich durch Channeling alles offenbaren kann.

Wir stehen am Eingang dieses wundervollen Parks. Er ist das Zuhause riesiger Bäume, uralter, weiser Baumwesen, die schon seit vielen Jahrzehnten und Jahrhunderten diesen Platz behüten. Eine reiche Tierwelt gibt es hier, Plätze, an denen die Tiere so zutraulich sind, dass Vögel und Eichhörnchen sogar aus der Hand fressen. Die Natur wird uns einen tieferen Einblick gewähren, als du es vielleicht für möglich gehalten hättest.

Lege deine Hand jetzt auf dein Herzchakra und sende Liebe aus deinem Herzen in die Landschaft zu all diesen Wesen und bitte höflich um Einlass. Gehe in deine Herzensabsicht, allen Wesen voller Liebe begegnen zu wollen, und sie werden dich erfreut einlassen. Ein jedes Wesen trägt zur bunten Vielfalt dieser Welt bei und bereichert das große Ganze. Würde auch nur ein einziges fehlen, wäre die Welt ärmer und weniger reich.

Zeit und Raum spielen keine Rolle.

Du bist im Herzen willkommen!

So treten wir gemeinsam achtsam ein und gehen jeden Schritt, der uns durch den Park führt, ganz bewusst.

Jedes Fleckchen Erde ist ein heiliger Ort, denn du kannst ihn durch deine Achtsamkeit dazu machen. Betreten wir einen Ort ausschließlich auf der Verstandesebene, so bleibt uns diese fantastische Welt verschlossen.

Stelle dir vor, dass nun jeder deiner Schritte den heiligen Boden eines Naturtempels berührt. Deine Göttlichkeit ist in dir und überall um dich herum. Durch jeden Baum, jeden Stein, jedes Blatt und jedes lebendige Wesen lächelt sie dich an.

Als Erstes begrüßt uns ein Ginkgobaum. Er steht auf einer kleinen Wiese, die sich rechts neben unserem Weg erstreckt und das Parkareal eröffnet. Der Ginkgo ist einer der großen Hüter des Parks. Er ist kraftvoll und dynamisch mit der Erfüllung seiner Aufgabe verbunden. Ich war schon einmal in diesem Park und fühlte mich sofort zu dem Ginkgo hingezogen. Damals sprach ich ihn an und fragte ihn, ob er mit mir kommunizieren wollte. Es war ein kurzes Gespräch, bei dem er mich sehr schnell wissen ließ, dass er nicht mit mir sprechen könne, weil er gerade viel Kraft für eine spezielle Aufgabe benötigte. Ich spürte seinerzeit eine Art unsichtbare Wand zwischen ihm und mir. Er grenzte sich energetisch liebevoll ab und machte mir deutlich, dass ich bitte Abstand halten möge. Das akzeptierte ich natürlich, obwohl ich es schade fand. Da wies er mich auf seine Wurzeln hin und bei näherer Betrachtung wurde offensichtlich, dass der Boden rundherum von Mauselöchern durchsetzt war, fast wie ein Schweizer Käse. Ich dachte, die Mäuse würden vielleicht an seinen Wurzeln nagen, wünschte ihm das Beste und ging weiter. Heute ist derselbe Baum freudig aufgeschlossen und lädt dich und mich zu einem Gespräch ein.

Du wirst feststellen, dass sich Pflanzen und Tiere – wenn es nicht gerade einen gewichtigen Grund gibt, der dagegen spricht – über dein aufrichtiges Herzensinteresse wirklich freuen und dir die Welt gerne aus ihrer Perspektive zeigen werden.

In Erinnerung an die Erfahrung bei meinem letzten Besuch frage ich den Ginkgo gleich, ob es ihm wieder besser gehe. Unsere Begegnung ist lange her, aber er kann sich noch gut an mich erinnern. Ich sei eine der wenigen, die ihn nach seinem Befinden gefragt hätten, begrüßt er mich.

So viele Menschen wüssten leider gar nichts von dieser Möglichkeit. Ja, es gehe ihm wieder gut, die Aufgabe von damals sei erledigt und er sei jetzt wieder ganz in seiner Kraft. Ich frage ihn, welche Aufgabe das denn gewesen sei.

»Ich war damals sehr beschäftigt und brauchte meine ganze Energie und Kraft«, lässt er uns freundlich wissen. »Ich, einige

meiner Baumfreunde und viele Naturwesen haben daran gear-
beitet, alte Energien in den tieferen Erdschichten dieses Ortes
zu klären. Sie stammten aus früheren Begebenheiten, blutigen
Schlachten und den Kriegen, die auf diesem Boden stattgefunden haben. Sie beinhalteten große Not sowie Ablehnung
der Menschen ihrer selbst und von anderen Wesen. Im Krieg
hatten sie den Bezug zu sich und ihren Herzen verloren. Abge-
spaltene, verwirrte Teile ihrer Emotionen waren hier abgelagert
und konnten sich nicht aus eigener Kraft befreien. Es gibt auch
Menschen, die diese Energien klären könnten, doch nicht in
diesem speziellen Fall. Die Abspaltungen befanden sich auf
derart speziellen Ebenen, dass sie in das Aufgabengebiet von
uns Bäumen und Naturwesen fielen.

Die Mäuse haben mir bei der Befreiung und Wandlung dieser schwierigen Energien sehr geholfen. Sie werden so oft als
Schädlinge angesehen, dabei helfen ihre Gänge auf einzigartige Weise, den Boden zu belüften und alte Energien freizuset-
zen. Sie bringen den Geist des Neuen, nachdem Altes verab-
schiedet wurde. Sie sind Helfer an meiner Seite und gemeinsam
konnten wir auch diese Aufgabe bewältigen. Für uns ist es allerdings keine Aufgabe nach eurem menschlichen Verständnis,
sondern ein selbstverständlicher Beitrag, den wir aus Liebe er-
bringen, wenn etwas im Ungleichgewicht ist. Wir Bäume werden
sehr alt und können lange warten, bis der richtige Zeitpunkt
gekommen ist, um Altes abzulösen.

Ich überwache die Energien im Boden dieses Parks, mache dies
aber nicht allein. Überall gibt es hier Freunde, die gemeinsam mit
mir wirken. Über unsere Wurzeln und Zweige tauschen wir Informationen aus und ebenso übermitteln Mäuse und Vögel, und auch
andere Tiere, Informationen über den allgemeinen Zustand der
Landschaft. Wir alle können uns gegenseitig wahrnehmen, kommunizieren ständig und sind gut informiert.

Wir spüren, wenn jemand in Not ist oder ein Zustand unserer Hilfe bedarf. Wir dienen dem göttlichen Leben auf diesem Planeten, was ganz selbstverständlich für uns ist. Wir wirken auf diese Weise für uns alle. Wir möchten auf gutem Boden gedeihen, in dem alle Energien frei fließen, so dass die Göttlichkeit und Natur ihren vollkommenen Ausdruck finden kann. Ich freue mich, dass du wieder hier bist. Nun tritt ein und genieße deinen Besuch.«

Ich danke dem Ginkgo für die bewegenden Einblicke und gehe den Wanderweg weiter. Es ist ein sommerlicher Vormittag und die Sonnenstrahlen wärmen meine Haut. Ich bitte um göttliche Führung, damit ich uns an die richtigen Stellen im Park bringen kann, und mein geistiger Helfer erscheint an meiner Seite. Ich habe ihn bereits vor vielen Jahren in einer Meditation kennengelernt, als ich medial in die Ebene der Naturwesen, die Anderswelt, gereist bin. Er heißt Malan, reicht mir knapp bis zur Hüfte und ist ein junger Elf. Er führt mich gerne in den verschiedenen Landschaften herum, hat überall gute Freunde, ist sehr kontaktfreudig und rege. Er trägt edlen Zwirn, Brokathosen und ein Hemd aus feinem grünen Stoff. Seine Füße zieren Schuhen mit einer nach oben gebogenen Spitze und er trägt einen spitzen Hut. Er begleitet mich gerne durch die Natur und ist stets fröhlich.

Bitte darum, dass sich auch dir jetzt ein persönlicher Führer für die Naturwesenwelt zeigt. Bitte ihn, zu dir zu kommen. Begrüße das Wesen über deine Herzensliebe und nimm wahr, wie es sich geistig vor dich stellt. Vertraue deinen Wahrnehmungen. Wie groß fühlt sich das Wesen an? Fühlt es sich eher männlich oder weiblich an? Welche Kleidung trägt es? Bitte es, dir seinen Namen zu nennen. Es hat schon darauf gewartet, sich vorstellen zu dürfen, und wird deine zukünftigen Ausflüge gerne begleiten. Es ist einer deiner persönlichen Helfer.

Ich lasse mich über Impulse leiten und spüre, wo es mich als Nächstes hinzieht. Auf diese Weise zeigt sich die Führung. Ich spüre hinein, ob es mich nach links oder rechts zieht. In welchen Parkabschnitt geht die Reise? In etwa achtzig Metern Entfernung fällt mir ein riesiger Baum auf. Er ist der nächste Anlaufpunkt, eine mächtige Platane, und wir gehen geradewegs auf ihn zu. Bereits vierzig Meter vor ihm fühle ich deutlich seine hellblaue und rosafarbene Ausstrahlung. Ich genieße seine Aura und tauche ganz in die Farben ein. Mir ist, als könnte ich tiefer durchatmen als jemals zuvor. Die Platane fühlt sich weit und frei an und begrüßt mich freundlich. Ich nehme wahr, dass sie mir ihre Zweige wie Arme entgegenstreckt und mich mit liebevoller Geste einlädt, näher zu kommen. Ich fühle mich wie von einer fürsorglichen Mutter umarmt. Ihre Rinde hat eine ausgesprochen schöne Zeichnung. Die gescheckte Schönheit dieser Bäume hat mich schon immer verzaubert. Sie sehen so glatt aus und die hellen Flecken leuchten so schön. Ich fühle mich zutiefst geliebt und willkommen. Das Baumwesen der Platane kann ich weder eindeutig männlich noch weiblich wahrnehmen. Ein kleines bisschen mehr geht die Tendenz zum Weiblichen.

Ich lächele dir zu und wende mich wieder an die Platane. »Sei willkommen in meiner Ära und Aura«, beginnt sie zu erzählen. »Ich stehe schon viele Jahre hier und erfreue mich an den Menschen, die mich und diesen Ort besuchen. Ich liebe es, den Menschen zuzusehen, und ganz besonders erfreuen mich Familien mit ihren kleinen Kindern. Ich liebe es, in die Kinderwagen zu blicken und die neuen Seelen auf der Erde zu begrüßen!«

Ihre Worte lassen mich ihre unglaubliche Freude daran spüren. Ich erhalte ein inneres Bild, in dem sich dieser gewaltige Baum freudig lächelnd und mütterlich über den Kinderwagen beugt und mit seinen Händen liebevoll die Aura des Babys streichelt. Er strahlt Wärme aus.

»Sie haben noch keine Erfahrung, wie wundervoll die Welt sein kann. Ich fühle so eine Freude, dass ich am liebsten mit den Menschen tanzen würde. Die Menschen, die in meine Nähe kommen, können das spüren und ihr Gemüt heitert sich dann auf. Sie werden entspannter und nehmen das Leben leichter. Sie beginnen sich freudiger zu fühlen und es ist so schön für mich, dass ich mein Lebensgefühl mit ihnen teilen kann. Ich stehe hier in wundervollem Boden und segne die Umgebung mit meiner Ausstrahlung. Ihr beide, berührt meinen Stamm und fühlt meine Freude. Welchen gesegneten Zustand würdet ihr leben, wenn sich alle Menschen auf dieser Erde so fühlen könnten?

Ich fühle mich in jedem Moment freudig und beim Anblick von Kindern und glücklichen Menschen empfinde ich noch mehr Glück. Ich freue mich, wenn die Vögel früh morgens in meinen Zweigen singen. Ich liebe es, wenn ich die Wolken über meiner Krone sehen kann. Sie sind so weich und enthalten angenehme Feuchtigkeit. Ich kann meinen Geist sogar ganz zu ihnen hinaufstrecken, so dass ich die Vögel und Flugzeuge neben mir im Himmel erblicke. Was kann ich mit dir teilen, außer der Freude? Sie ist gerade meine höchste Erfahrung hier auf der Erde und ich bringe sie so gerne zum Ausdruck. Ich teile sie mit allen Menschen und Wesen, die an mir vorbeikommen. Meine Existenz ist vollkommen frei. Ich wohne in diesem lebendigen Stamm, doch weiß ich, dass mein freier Geist nicht ewig an meinen Körper gebunden bleibt. Diese Erfahrung ist nur ein Wimpernschlag in der ewigen Existenz meiner Seele. Ich liebe das Leben auf der Erde, es ist wirklich sehr besonders. Wie schön ist es, wenn die Menschen zu mir kommen und sich wieder selbst fühlen. Es könnte ihnen so viel besser gehen, wenn sie sich mehr auf Freude besinnen und ihr Leben mehr mit dem erfüllen würden, was ihnen wirklich Freude bereitet.

Viel zu oft hören die Menschen auf die Meinung anderer und finden nicht heraus, was sie selbst mögen und sind. Sie fügen sich in ein Leben ein, das ihnen nicht steht und das sie auf diese Weise nicht erfüllen können.

Viele fühlen sich gefangen, trauen sich nicht auszubrechen und einfach neue Schritte zu gehen.

Ich strahle meine Grenzenlosigkeit zu ihnen aus und ermutige sie, zu sich und ihren Wünschen zu stehen. Wie anders die Menschen dann doch sind. Auch ihren Kindern gefällt das. Wenn sie im Herzen und in der Freude sind, können auch ihre Kinder sie besser spüren. Sie fühlen sich in dieser Ausstrahlung ihrer Eltern dann sehr wohl, gesehen und angenommen. Wenn die Eltern nur an ihre Sorgen denken und im Denken statt im Gefühl verbleiben, gerät das Kind ins Abseits, weil es den Kontakt zu seinen Eltern nicht mehr fühlen kann. Die kleinen Kinder existieren noch ganz auf der Herzebene, sie existieren aus ihrem Gefühl heraus und nicht aus ihrem Verstand. Diese Ebene verstehen sie nicht und hier können sie ihre Eltern nicht wahrnehmen. Es ist dann für sie, als ob sie allein wären. Deshalb bin ich so glücklich, wenn ich sie aufheitern kann. Meine Aura erzeugt Durchbrüche bei den Menschen, sie kommen wieder mehr in ihr Gefühl und ins Herz. Das ist die größte Freude für mich und lässt mein Herz jubeln.

Alle Menschen sind ein Teil der göttlichen Einheit, aus der wir alle stammen, und die Freude eines jeden einzelnen Wesen lässt auch mich noch mehr Freude als zuvor mitfühlen. Komm zu mir und atme mit mir Freude und Freiheit.«

Was für tief berührende Worte. Ich lehne mich an die Platane an und mache eine ganz wundervolle Erfahrung. Alles in mir wird ganz weit, dann atmen wir gemeinsam.

In diesem Kontakt öffnen sich alle Begrenzungen. Mein Sein wird weit. Ich habe das Gefühl, dass sich meine Aura über meine

Körpergrenzen und über den Park hinaus ausdehnt. Ich kann das Wesen der Natur in mir fühlen und mein Atem fließt bis in die Erdschichten, als reichten meine Lungen bis tief in die Erde. Ich atme schon sehr leicht und frei, aber das hier ist einzigartig. Ich verschmelze mit dem inneren Bild, dass frische Luft durch den Stamm des Baumes fließt. Sie strömt von oben hinein und rauscht kraftvoll bis in die Wurzeln hindurch. Genauso fühle ich mich jetzt auch. Ich werde von etwas Größerem geamtet und bin vollständig wie von frischer Gebirgsluft erfüllt. Ich nehme keine Grenzen mehr war. Ich verschmelze mit diesem wundervollen Baumwesen. Ich bin wie der Baum und atme wie er.

Was für eine wundervolle Erfahrung.

Ich bemerke, wie sich ein paar Begrenzungen sanft lösen. Sie zerbröckeln und werden einfach fortgeweht. Wir haben so viele Begrenzungen in unserem Unterbewusstsein abgespeichert. Ich habe mich schon aus so vielem gelöst und hier spüre ich, dass noch etwas übrig ist. Es darf sich gerne verabschieden.

Dann tauche ich noch intensiver in das Hier und Jetzt ein. Ich fühle weitere Kraft und nehme wahr, dass ich Energie aus der göttlichen Weite empfange. Ich muss nichts dafür tun. Es ist eine übergeordnete, göttliche Kraft, die mich hier atmet und vitalisiert. Gewöhnlich beziehen wir unsere Energie aus einer begrenzten Menge an Lebenkraft, doch diese Grenzen gibt es nur in unserer Vorstellung. Wir können beschließen, unsere Lebenskraft direkt aus der Unendlichkeit der göttlichen Quelle zu atmen und uns damit zu versorgen. Es wird hier so deutlich.

Ich bleibe in der einzigartigen Verschmelzung mit der Platane, bis ich ihren Stamm langsam wieder loslasse. Sie lächelt mich freudestrahlend an. Ich spüre es mehr, als dass ich es sehe. Sie verkörpert Glück und Freude auf derart pure Weise, dass ich nicht anders kann, als herzhaft mit ihr zu lachen. Wie gesegnet sind die Menschen und Wesen, die hier vorbeikommen.

Jeder Baum ist eine eigene Persönlichkeit mit ganz besonderen Qualitäten. Hättest du das gedacht?

Ich danke der Platane und verabschiede mich. Ich weiß, dass sie sich jederzeit auf ein Wiedersehen freut. Nach diesem intensiven Kontakt konzentriere ich mich wieder ganz auf mein Körpergefühl und frage mich, wohin unsere Reise jetzt geht.

Diesmal zieht es mich nach rechts, einen abzweigenden Weg hinauf, und ich folge der Eingebung. Nach einigen Metern geht der Weg in eine Allee aus prächtigen Linden über. Unter dem Blätterdach der gewaltigen Baumwesen formt sich ein wunderschöner Laubengang. Ich genieße die Erhabenheit der Baumwesen. In der Mitte angekommen, zieht es mich zu einem kleinen Tor, hinter dem ein schmaler Weg den kleinen Hügel hinauf verläuft. Vor dem Tor angekommen, fühle ich den Impuls innezuhalten. Ein Hinweis von Malan fließt in meine Gedanken. Ich sei noch nicht wirklich bereit, das Tor zu durchschreiten, und möge noch einen Moment lang die Kräfte der Allee nutzen. Als ich näher hinspüre, erreicht mich ein angenehm erdendes Gefühl. Das hatte ich glatt übersehen! Die Bäume erden mich und gefühlt sinke ich in den Boden ein. Nach einigen Minuten bin ich zutiefst mit der Erde verbunden und meine Energien sind zur Ruhe gekommen. Die Erdung ist so unglaublich wichtig, damit wir einströmende Energien oder Einweihungen gut verarbeiten können, und auch ich vergesse sie zwischendurch manchmal. Wie gut, dass mich diese weisen Wesen einmal mehr daran erinnern.

Ich atme tief ein und gehe achtsam durch das kleine Holztor hindurch. Du trittst gemeinsam mit mir ein.

Nach der kühlenden Baumallee wird es auf diesem sonnigen Plätzchen sofort ganz warm. Vor meinen Augen erstrecken sich große englische Beete mit Echinacea, Sonnenhut, Duftnesseln, vielen prächtigen Stauden und Gräsern. Eine ausladende, sommerliche Blütenfülle erfreut mein Herz.

Als Erstes zieht mich ein großer Rosenbusch am Rand der Pflanzung an. Er ist bereits abgeblüht und dicke Hagebutten schmücken den großen Strauch. Ich begrüße die Rose, berühre ihre Blätter und ein angenehmes Willkommensgefühl fließt zu mir zurück.

»Spüre die Sonne«, lautet die Botschaft der Rose an mich. »Sieh, wie das Sonnenlicht unsere Blätter und Blüten berührt. Wir nehmen es auf, es nährt uns und bringt unsere Blüten zum Ausdruck. Wir nehmen es auf und erblühen in den schönsten Farben. Wir drücken das Sonnenlicht aus und strahlen es über unsere Farben und Formen zu den Tieren und Menschen hin aus. Fühle das Sonnenlicht.

Es tut auch dir gut und bringt Energie zu dir.

Genau wie wir über die schönsten Farben und Formen verfügen, so tragt auch ihr Menschen prächtige Qualitäten in euch. Diese Qualitäten machen euch aus. Wie oft glaubt ihr nicht an euch und erkennt eure Fähigkeiten nicht. Oft kommt ihr an mir vorbei, Menschen, die ihre Qualitäten nicht erkannt haben und glauben, sie seien nichts Besonderes. Sie gehen traurig und mit gesenktem Kopf dahin. Wie würde die Welt aussehen, wenn auch wir uns so verhalten würden? Stelle dir vor, wir würden unsere Blüten verschlossen halten und unsere Farben verstecken, weil wir Angst hätten, dass andere uns sehen könnten. Wie würde die Welt dann erscheinen? Würde nicht etwas ganz Wesentliches fehlen, das ihr Menschen braucht und eure Herzen erfreut?

Lasst auch ihr das Licht eurer Seelenfarben in die Welt hinausstrahlen. Es ist wichtig, dass jeder Mensch seine Qualitäten zum Ausdruck bringt, denn sie sind so hilfreich, sie werden so dringend gebraucht. Lasst sie heraus, auch wenn es zunächst nicht bedeutsam erscheint, und ihr werdet sehen, was sich daraus entwickeln kann. Auch unsere Knospen sind zunächst unscheinbar, bis die Blüte sich vollständig geöffnet hat.

Wir denken nicht über unser Erblühen nach, wir lassen es einfach geschehen. Die Bienen und Insekten sammeln unseren Nektar, tragen ihn weiter – so verbreiten wir uns. So können Bäume Früchte tragen, die euch nähren. Stellt euch vor, wir würden diesen wertvollen Beitrag für uns behalten. Er bereichert das große Ganze. Er ehrt die Göttliche Schöpfung. Dadurch bringen wir die Liebe der göttlichen Quelle auf die Erde.«

Mit diesen Worten segnet mich die Rose. Wie recht sie doch hat, auch wir sollten unsere Farben und Qualitäten leuchten lassen. Tief beeindruckt setze ich den Weg fort. Er führt durch die wunderschön angelegten Rabatten hindurch. In ihnen leuchten die Farben der blühenden Stauden. Lange Drifts aus zahlreichen Echinacea und Duftnesseln strahlen in rosavioletten Tönen und Gräser schmücken die Zwischenräume.

Ich frage mich gerade, wohin es wohl gehen mag, als ich über mir eine rote Libelle entdecke. So folge ich ihr einfach ein Stück und passiere den kleinen Durchgang in einer Hecke. Dahinter liegt ein kleines, eher unscheinbares Areal mit einer gemähten Rasenfläche. Auf den ersten Blick kann ich nicht erkennen, was hier besonders ist, und so fühle ich genauer hin.

Dann blitzt plötzlich das Bild einer Fee in mir auf. Ich spüre, wie ihre liebevolle Ausstrahlung direkt in mein Herz fließt. Alle Lichtwesen berühren immer zuerst das Herz. Sie begrüßt mich und gibt sich zunächst zurückhaltend.

Ich darf den Platz selbst medial erkunden. Also lasse ich meine Wahrnehmung über die Fläche schweifen und mir wird klar, dass ich an einem der Versammlungsorte der Elfen im Park stehe. Sie haben sich bewusst diesen unscheinbaren, von einer dichten Hecke abgeschirmten Platz gewählt, damit sie weitgehend ungestört bleiben, erklärt mir die Fee. Ihre weise Führungskraft leitet die Elfen liebevoll an. Sie ist Lehrerin und Organisatorin für die Elfen und Zwerge, sie kümmert sich um übergeordnete Energieabläufe, während ihre Schützlinge direkt für die Pflanzen wirken. Die großen Gruppen der Elfen bereiten die Energiezyklen der Pflanzen schon auf den Rückzug vor, obwohl es erst August ist. Sie beginnen bereits jetzt, einige der Pflanzen auf ihre herbstliche Phase einzustimmen. Auch die Koordination der erwachenden Energien der Frühlingszeit liegt in den Händen der Elfen und damit beginnen sie ebenfalls schon früh. Sobald sie aus ihrer winterlichen Pause erwachen, geben sie die Wachstumsimpulse des Frühlings in die Pflanzenebene hinein. Ich kann die muntere Geschäftigkeit auf dem kleinen Platz deutlich spüren.

»Hast du einen Wunsch?«, fragt mich die Fee.

Ich lächele sie an. Ist das nicht typisch für Feen? »Ist das eine Prägung aus einem Film oder erfüllen Feen wirklich Wünsche?«, möchte ich wissen.

»Ich kann durchaus deine schöpferischen Kräfte unterstützen«, antwortet die Fee lächelnd. »So wie ich Wachstumsimpulse in der Natur setze, kann ich auch dir einen unterstützenden Impuls für die Umsetzung eines Wunsches senden, wenn du das möchtest.«

Ich gebe gerne einen Wunsch an sie ab und spüre, wie sie ihn segnet. Wie könnte man einem solchen Angebot widerstehen? Vor meinen Augen löst sich mein Wunsch in Lichtfunken auf und ich lasse ihn los. Mal sehen, was sich in den nächsten Monaten daraus entwickelt. Und du? Auch du kannst jetzt innerlich eine Fee zu dir bitten. Nimm sie in ihrer Gestalt wahr und fühle ihre Ausstrahlung. Frage sie, ob sie dich bei einem Wunsch unterstützen kann, und halte ihn dir vor Augen.

Reich beschenkt und fröhlich setzen wir den Weg anschließend fort. Du weißt jetzt: Solche Ausflüge halten neben Wissen und spannenden Einblicken auch viele Überraschungen bereit, wenn man sich dafür öffnet. Sogar Einweihungen, Heilungen und Wunscherfüllungshilfen können geschehen.

Es duftet süßlich und die Luft ist sommerlich warm. Nach einem kleinen Spaziergang erreichen wir einen Parkabschnitt, der ein Moor mit Heidelandschaft nachempfindet. Sanft geschwungene Sandwege umrunden den Moorbereich. Sie sind von einem urigen Holzgeländer aus dicken Ästen eingerahmt und auf beiden Seiten fällt mein Blick auf Heidepflanzen und Gräser. Diese Landschaft versprüht ihren ganz eigenen Charme. Die Ausstrahlung der hier lebenden Naturwesen und Pflanzen erweckt ein anderes Gefühl in mir als zuvor bei den Staudenbeeten. Sämtliche Landschaftsabschnitte sind von ihren unterschiedlichen Bewohnern geprägt und ein jeder verkörpert spürbar andere Kräfte. Am Moor ist es deutlich ruhiger als zwischen den blühenden Rabatten. Es sind nur sehr wenige Parkbesucher anwesend und meine Wahrnehmung öffnet sich in eine ganz andere Tiefe.

Nach der Umrundung des kleinen Moores begrüßt mich ein leuchtend weißer Stein. Er ist groß genug, dass ich mich auf ihn setzen könnte, und an manchen Stellen von kleinen, grünen Moosinseln bewachsen. Was für ein schöner und lebendiger Anblick! Das Steinwesen lädt mich ein, meine Eindrücke niederzuschreiben. Ich setze mich vor ihm auf den Boden und lasse mich auf die Kraft des Steins ein. Ein uraltes Wesen! Kaum vorstellbar, was dieser Stein schon alles erlebt und gesehen hat! Seine lange Reise hat ihn jetzt an diesen Ort geführt. Er lässt mich wissen, dass er eine Botschaft übermitteln möchte, und freut sich sehr über die Möglichkeit, zur Leserin oder zum Leser zu sprechen.

»Ich begrüße den Menschen, der diese Worte vernehmen wird. Du bist ein heiliges Wesen auf einem heiligen Weg, gesegnet seien dein Herz und deine Bereitschaft, die Botschaft wahrzunehmen. Ich existiere bereits seit Jahrmillionen, für eine Zeitspanne, die deine menschliche Vorstellungskraft übersteigt.

Wir Steinwesen lieben es hier auf der Erde und waren schon bei ihrer Entstehung dabei. Wir sind mitten aus ihr geboren, tief aus ihrem Feuer heraus. Wir kennen das Wesen des Feuers. Das innere Feuer drückt die schöpferische Kraft von Mutter Erde aus, deren Geist und Kern so vieles entsprang. Ich möchte dich gerne an etwas erinnern. Tief in dir wohnt ein urschöpferischer Impuls. Er ist ein natürlicher Teil deines Wesens und dessen, was du in Wahrheit bist.«

Der Stein zeigt uns riesige Feuer inmitten der Erde, er lässt uns die unbändige schöpferische Kraft spüren. Sie entzündet einen Funken im Wurzelchakra. Ich fühle es in meinem Wurzelchakra und du fühlst es wahrscheinlich auch.

»Erlaube diesen Fluss«, rät der weise Stein. »Lasse ihn zu. Lasse deine Energien und Kräfte frei fließen und folge den Impulsen deiner Ideen, denn hier möchten sich deine Kräfte frei ausdrücken und die Welt bereichern. Ein jeder Mensch sollte sich wieder bewusst werden, dass er etwas beizutragen hat, egal wie unwichtig ihm seine Taten und Ideen auch erscheinen mögen.

Keine Seele ist zufällig auf diesem Planeten. Schäle dich aus deinem Kokon heraus, lieber Mensch, und entfalte dich auf Erden. Trage dazu bei, dass die göttlich schöpferische Kraft durch dich den Planeten segnet und die Gemeinschaft bereichert. Gemeinsam schöpfen wir alle aus der Kraft des Einen und drücken sie als Schöpfung aus. Die Gedanken und Taten des einen Menschen erreichen und inspirieren andere Menschen. Deine Gaben werden gebraucht auf der Erde. Glaube an dich und fühle das schöpferische Feuer in dir. Du erlebst die Geschichte deines Lebens auf der Erde und wir haben so viele Menschen und Lebensgeschichten bereits gesehen, so lange sind wir schon hier.

Weise Seelen schauen aus den Gesichtern der Steine. Wir beobachten die Entwicklungen. Wir halten bestimmte Energien an Orten, die dort gebraucht werden, und lassen sie los, wenn ihre Aufgabe vorbei ist. Wo viele von uns an der Oberfläche liegen, nehmen die Menschen unsere Kraft deutlicher wahr und werden auf uns aufmerksam.

Wir können dich mit der Tiefe deines Wesens und deiner eigenen Weisheit bekannt machen. Löse deine Fixierung von der kleinen Zeitspanne deines Lebens auf Erden und weite deinen Blick. Auch deine Seele ist ewig existent. Im weiten Universum gibt es Orte, wo du deinen Körper genauso lange oder noch länger bewohnen kannst, so wie wir es hier in den Steinkörpern tun. Erweitere deine Vorstellungen und du wirst dich aus dem engen Fokus hier auf diesem Planeten lösen können. Dein Bewusstsein ist weit und ewig – und es ist derzeit eine deiner Aufgaben, dies wieder zu erkennen.

Wir lächeln dir zu, aus jedem Stein.

Unsere Weisheit grüßt deine Weisheit, unser Herz segnet dein Herz. Wann immer du einen Stein betrachtest, lächeln wir dir entgegen, manchmal so deutlich, dass du unser Gesicht in der Steinformation erkennen wirst.

Wir können den Steinkörper verlassen und uns weit von ihm entfernen. Wir sind nicht auf dieselbe Weise an den Steinkörper gebunden wie ihr an euren menschlichen Körper. Es steht uns frei, ihn jederzeit ein Stück weit zu verlassen. Im Allgemeinen bleiben wir sehr lange mit demselben Steinkörper verbunden und die energetische Verbindung bleibt während unserer Ausflüge bestehen. In der Naturwesendimension, in der wir uns versammeln, gibt es eine bestimmte Schwingungsebene außerhalb der Steinkörper. Wir gehen oft in diese Dimension hinein, so wie ihr eine Stadt besuchen würdet. Dort tauschen wir uns aus, beraten uns und helfen große, globale Energiekreisläufe in der Erde zu koordinieren.

Unsere Weisheit wirkt eng mit den Kräften des Erdkerns zusammen und mit allen Wesen, die im Inneren der Erde wohnen.

Alle Wesen dort, ganz gleich in welcher Form, kommunizieren mit uns. Es ist ein lebendiges Netz der Kommunikation, das sich durch das gesamte innere Erdenrund zieht. Bricht in einem weit entfernten Teil der Erde ein Vulkan aus, so wissen wir es. Es gibt keine Erdaktivitäten, die sich unserer Kenntnis entziehen. Wir bilden einen Quell der Weisheit und hüten die Weisheit von Mutter Erde. Wir sind Teil eines lebendigen Organismus, in dem alles und jedes zusammenwirkt. Wir sind uns dessen bewusst. Auch du bist ein lebendiger Teil des Erdenlebens, deine Gefühle und Taten sind hier präsent und haben eine Bedeutung.«

Der Stein könnte sicher noch einiges mehr berichten, doch ich bemerke, dass es erst einmal gut ist. Der Schwerpunkt der Botschaften, der auf dieser Reise übermittelt wird, zeigt sich immer deutlicher. Bei gezielten medialen Reisen ergeben sich Kernbotschaften und Hilfen, die wir gerade besonders gut gebrauchen können.

Ich habe das Bedürfnis, mir jetzt einfach die Sonne ins Gesicht scheinen und die Botschaft auf mich wirken zu lassen. Ich kann die gewaltigen Schöpferkräfte spüren, die im Inneren der Erde und in uns allen wohnen, und wie wichtig es ist, sie in einer Herzensmotivation zu nutzen, damit sie das Ganze bereichern können.

Ich danke dem Steinwesen. Seine Freude und Güte strömen in mein Herz. Ich gehe noch eine Weile in der Heidelandschaft spazieren, mit dir an meiner Seite, und genieße den Sommertag. Danach fühle ich mich erfrischt und wir setzen den Ausflug gestärkt fort.

Nachdem wir eine Weile über eine Anhöhe gewandert sind, führt uns der Weg nun wieder bergab in etwas schattigere Gefilde. Ein Eichhörnchen hüpft vor uns über den Weg und weist uns die Richtung. Es hoppelt eine Weile vor mir her und fasziniert mich mit seinen geschmeidigen Bewegungen. Nach einer langgezogenen Linkskurve fällt mein Blick auf eine große Wiese, die an ihrem hinteren Ende vom Waldesrand umsäumt ist. Sie hat die Ausstrahlung einer lieblichen Aue und verläuft leicht abschüssig hinab ins Tal hinein. Dort mündet sie in eine Farn- und Bachlandschaft.

Ein Gnom begrüßt uns. Ich freue mich über den spontanen Kontakt und begrüße das Wesen meinerseits. Du tust es mir nach. Ich habe mich schon den verschiedensten Naturwesen gewidmet und sie gechannelt, um mehr über ihre Lebensweise und ihre Aufgaben in der Natur zu erfahren, doch Gnome zählen zu den wenigen Arten, die ich noch nie gechannelt habe. Nun ist der richtige Zeitpunkt für tiefere Einblicke gekommen und der freundliche Gnom hat uns schon erwartet. Ich finde, dass seine Gestalt für einen Gnom eigentlich zu groß ist, und mich beschleicht das Gefühl, dass es eigentlich gar keiner ist. Es gibt viele Arten von Naturwesen, die sich der Menschheit noch nicht zu erkennen gegeben haben.

»Ich lebe mit meiner Familie am Rand des Waldes und am Rand der Gewässer«, begrüßt er uns. »Wir Gnome sind Wesen der Wiesen, der Auen und auch der Felder. Wir wirken gemeinsam mit den Kleintieren der offenen Landschaften, wie den Hamstern, Mäusen, Ratten, Bibern, und manchen anderen Lebensformen. Wir sind vergnügte Wesen und tanzen viel zur Freude der Schöpfung. Wir tanzen mit dem Sonnenauf- und -untergang und halten das energetische Gleichgewicht der Landschaft, die wir bewohnen. Wir sammeln Informationen und Energien und verteilen sie weiter. Wir sind emsig und geschäftig und zeigen den Menschen gerne die Wunder und besonderen Plätze der Natur.«

Das Wesen erklärt uns, dass es ursprünglich zu den Gnomen gehörte, sich aber momentan in der Übergangsphase seiner Entwicklung hin zu einer höheren Ebene befindet. *Wie span-*

nend. Es hat viel Wissen erlangt und geht in die Position eines Lehrers für Gnome über. Ich frage es, wo Gnome eigentlich wohnen. Bei Zwergen hatte ich bereits die Dörfer entdeckt und auch Elfen zeigten mir schon oft ihre Wohnstätten, die wie filigrane Burgen, Schlösser oder Kathedralen anmuten. Über die Wohnstätten von Gnomen weiß ich noch nichts und so bin ich sehr gespannt.

»Seht ihr den da?« Das Wesen deutet zu einem alten, großen Baumstumpf, der nur wenige Meter entfernt am Wiesenrand aufragte. »Gnome wohnen unter Steinen, in Baumstümpfen oder auch unter Wurzeln. Manchmal wohnen wir mit einer großen Familie zusammen unter einem Felsen und manchmal nur für uns selbst.«

Das Wesen hebt stolz den Kopf. »Dieser Baumstumpf ist ein ganz besonderer Ort. Er ist ein Versammlungs- und Schulungsraum für uns Gnome und andere Wesen. Er ist mein Zuhause. Gnome versammeln sich an diesem Ort, wann immer sie den Wunsch nach neuem Wissen verspüren. Wir lernen aus der Freude heraus. Jeder Gnom hegt auf ganz natürliche Weise den Wunsch, mehr von den Abläufen der Natur zu erfahren, und möchte sein Wissen ständig erweitern. Irgendwann zieht es ihn hierher, wenn es an der Zeit ist. Wir tauschen uns hier aus und entdecken gemeinsam Neues. Wir empfangen hier auch Impulse aus höheren Dimensionen, denn in den Jahren der weltweiten Veränderung entsteht in der Naturwesenwelt eine neue Ordnung. Großartige Energien strömen ein und unsere Aufgabenbereiche ändern sich. Es findet ein stärkerer Wandel in der Natur statt als in den Jahren zuvor. Ich selbst befinde mich an einer Schwelle des Übergangs. Ich muss nicht sterben, um zu einem anderen Wesen der Gnomenwelt zu werden. Nur mein Körper verändert sich und ich werde bald als weiser Lehrer für die Gnome und auch für andere Wesen auf der Erde existieren.

Mein Körper erscheint größer als zuvor, da ich mich bereits weiterentwickelt habe. Ihr Menschen habt noch keinen Namen für solche wie mich, am ehesten könnte man meine derzeitige Ausstrahlung mit Ulura übersetzen.«

Ich berühre dich an der Hand und gemeinsam gehen wir zu dem alten Baumstumpf. Dann spüre ich in ihn hinein. In mir entsteht das Bild eines großen Raumes auf feinstofflicher Ebene, der sich weit über die Grenzen des Stumpfes hinaus ausdehnt. Der Baumstumpf ist in einer anderen Dimension so viel größer, als es von außen den Eindruck macht. Er besitzt mehrere Flure, dessen Wände zu beiden Seiten von weißen, sanft geschwungenen Bögen durchbrochen sind. Dies sind Zugänge zu einzelnen Wohnräumen der Naturwesen, die diesen Schulungsort besuchen. So hat jeder seinen eigenen Raum, den er ganz nach seinem Geschmack gestalten kann, und zugleich wohnen alle beisammen. Diese erhabene Schule hat einen ganz anderen Charakter als ein Zwergendorf oder eine Elfenwohnstatt und mutet eher wie eine riesige Wohngemeinschaft an, die um einen Ballsaal herum angelegt ist. In der Mitte der weit umlaufenden Flure liegt ein riesiger Schulungsraum. Mehrere Gruppen werden dort gerade unterrichtet, die keine Wände benötigen. Jede Gruppe ist ganz bei sich und völlig ungestört. Die Schwingung ist recht hoch, sie wirkt klar, fein und aufgeräumt. Die normalen Wohnstätten von Gnomen fühlen sich hingegen sehr viel erdiger an. Ich bin über die hochschwingende Feinheit dieser Räume sehr überrascht.

Das Wesen lächelt mich stolz an und ich danke ihm für diesen überaus interessanten Einblick in sein dimensionales Reich. Dann zeigt es mir noch seine nackten, leicht behaarten Füße. Im Verhältnis zu seinem Körper wirken sie zu groß und es erklärt mir, dass die Füße Wahrnehmungsorgane für die Gnome seien, über die sie wie mit Antennen feinste Energien und Informationen aus der Erde sowie Vibrationen von Ereignissen wahrnehmen könnten. Die Ausprägung der Füße hätte eine sehr große Bedeutung für sie.

Ich muss lächeln. Ich könnte hier noch sehr viel länger mein Wissen über Gnome erweitern, aber ich spüre, dass wir heute noch andere Plätze aufsuchen dürfen. Also bedanke ich mich bei dem Wesen für die spannenden Informationen.

Ich werde mich sicher zu einem anderen Zeitpunkt noch einmal näher mit Gnomen beschäftigen.

Auf dem weiteren Spaziergang kommen wir an kleinen Teichen vorbei und dort begegnet uns erneut die rote Libelle. In der gesamten Heidelandschaft und selbst bei den englischen Beeten kreuzte sie immer wieder unseren Weg. Wenn ein Tier derart auffällig auftaucht, hat es eine Botschaft und so verstehe ich es auch hier. Als ich frage, ob die Libelle eine Botschaft für uns hat, erhalte ich ein eindeutiges *Ja*.

»Wir Libellen freuen uns, allen, die gerade diesen Weg mit dir gehen, eine Botschaft übermitteln zu können. Wir sind wichtige Lebewesen der Natur, denn wir sehen das Leben aus einer ganz eigenen Perspektive. Unsere Perspektive ist weit und hat sehr viele Blickwinkel. Jede Facette unserer Augen erfasst andere Details im Raum und übermittelt uns Wissen. Wir haben auf diese Weise eine sehr umfassende Sichtweise.

Wir schauen die Frösche an und können an ihrem Ausdruck erkennen, ob sie uns fangen werden oder nicht. Wenn wir unsere Eier ablegen möchten, so zeigen uns unsere Augen einen ganz besonderen Platz, der dafür richtig ist. Wir wissen dann genau, welcher Platz für uns vorgesehen ist. Nicht immer ist unser Nachwuchs dort in vollkommener Sicherheit, doch wissen wir, dass alles den natürlichen Rhythmen folgt, und so ist es völlig in Ordnung für uns, einen Teil unserer Nachkommen und auch uns selbst als Nahrung anderer Arten zu schenken, wenn der Zeitpunkt gekommen ist.

Wir wissen, wann es an der Zeit ist zu leben und wann es an der Zeit ist loszulassen, um uns den Kreisläufen des Lebens hinzugeben. Wir leben und verlassen das Leben und kehren wieder ins Leben zurück. Wir begrenzen uns nicht auf eine Perspektive und so halten wir auch nicht an einem bestimmten Weg oder Vorhaben fest.

Dies ist die Botschaft, die wir an dieser Stelle gerne überbringen möchten. Werdet euch der vielfältigen Möglichkeiten in eurem Leben bewusst. Welchen Weg ihr auch immer beschreitet, es gibt immer verschiedene Wahlmöglichkeiten und nichts ist jemals ausweglos. Wir laden euch ein, aus anderen Perspektiven zu schauen und einen erweiterten Überblick zu erlangen. Wir ehren die Natur. Wir sind Teil von ihr und sie ist Teil von uns. Wir alle wirken gemeinsam in der Schöpfung dieser Erde. Wir alle halten ihre Kreisläufe gemeinsam aufrecht. Das Leben ist wundervoll, erfreue dich daran, lieber Mensch.«

Ich schreibe das Channeling der Libelle auf und bleibe noch eine Weile im Schatten eines großen Baumes sitzen. Es ist nun früher Nachmittag und es wird Zeit für eine kleine Stärkung. Wir machen Rast im Café des Parks.

Nach dieser Pause, in der ich auch meine Notizen vervollständigt habe, setzen wir den Weg wieder fort.

Ich möchte nun einen ganz speziellen Platz ansteuern, den ich bereits kenne. Doch Malan schlägt mir vor, dass ich nicht den direkten Weg dorthin nehmen möge, sondern durch den hinteren Teil des Parks einen Bachlauf entlang. Wie recht er doch hat. Bisher waren alle meine Sinne sehr aktiv und jetzt brauche ich ein wenig Entspannung. Der von einem Wald beschattete Weg kühlt meine aufgeheizten Energien angenehm ab.

Da wird mein Blick plötzlich nach unten gezogen, auf den Boden des Wegs, und ich sehe erst eine, dann immer mehr kleine weiße Federchen dort liegen. Sie sind über mindestens vierzig

Meter des Weges verteilt und je weiter ich gehe, desto mehr werden es. Ich bin tief berührt und kann die geöffneten Herzen der Leserinnen und Leser fühlen. Es ist unbeschreiblich schön. Ich tauche in einen Moment reinen Seins und der Allverbundenheit ein. Jedes Federchen repräsentiert Herz und Seele jedes Einzelnen von euch, liebe Leserin, lieber Leser.

Wir alle sind in diesem besonderen Moment zusammen, alle, die das hier gerade lesen oder gelesen haben. Dieses Feld schwingt außerhalb der Zeit, auf einer erhöhten Ebene. Die Dimensionsschleier sind ein wenig gelüftet. Alles fließt zusammen. Durch Raum und Zeit treffen wir uns hier alle im Herzen.

Unser gemeinsames Herzensfeld erschafft wunderschöne Liebe und sehr viel erhabene Kraft. Wir erhalten einen Segen, der jetzt auch dein Herz berühren darf. Du erhältst einen Segen aus der Geistigen Welt und einen Segen von deiner Seele. Nehmen wir dieses unglaubliche Geschenk gemeinsam tief in uns auf.

Weiße Federn sind meistens ein Zeichen unserer Engelbegleiter oder unserer eigenen Seele. Wenn ich mit Fragen im Herzen spazieren gehe und zu Lösungen finde, so entdecke ich häufig kleine weiße Federchen als Bestätigung. Manchmal tauchen sie sogar in geschlossenen Räumen auf. Ich freue mich jedes Mal riesig darüber und so habe ich im Laufe der Jahre immer mehr Federchen geschenkt bekommen.

Komm mit, begleite mich weiter, im Herzen verbunden setzen wir unseren Weg fort.

Nach mehreren hundert Metern kommen wir an einer sehr großen Teichlandschaft vorbei. Mächtige Sumpfzypressen stehen mit den Enden ihrer dicken Stämme, die wie ein Strang aus Wurzeln aussehen, mitten im Wasser und lassen die Teichlandschaft wie einen Urwald erscheinen. Dort werden wir von einer kleinen Nymphe begrüßt. Nymphen sind dreißig bis fünfzig Zentimeter groß, bewohnen die Binnengewässer und kümmern sich um die ansässigen Pflanzen und Tiere. Ich spüre, dass uns auch die Nymphe gerne eine Botschaft geben möchte und setze mich zum Schreiben hin. Du setzt dich neben mich.

»Wir freuen uns sehr, denn nicht häufig reichen uns Menschen die Hand in unserem Element«, wendet sich die Nymphe an uns. »Wir bewohnen die Gewässer. Unsere schönen Räume, in denen wir leben und uns versammeln, liegen in den tieferen Schichten der Gewässer oder auch unter Baumwurzeln, die im Wasser wachsen. An diesem Ort stehen Bäume im sumpfigen Gewässer und wir leben zwischen den Wurzeln.«

Ich kann innerlich sehen, dass die neugierigen Gesichter mehrerer Nymphen noch etwas scheu hinter den Wurzeln hervorlugen und uns fröhlich zulächeln.

»Wir sind alle miteinander verbunden«, fährt das Nymphchen fort, »und über das Feld des großen Bewusstseins wissen wir, warum du hier bist. Wir möchten dir etwas zeigen! Wir beleben das Wasser und sind eng mit ihm verbunden. Unser Herz ist direkt mit der Einen Großen Liebe verbunden, so nennen wir es hier. Du würdest es die Liebe der göttlichen Quelle nennen. Sie verbindet uns alle miteinander, sie ist die größte Anleitung und Führung in unserem Leben. Sie schlägt in unserem Herzen und fließt durch uns in das Wasser hinein. Wir haben große Herzkammern, die mit verschiedenen farbigen Öffnungen versehen sind, und es ist uns möglich, aus der Einen Großen Liebe bestimmte Kräfte für das Wasser, in dem wir leben, zu beziehen. Wir wissen, was das Wasser braucht, und geben die göttlichen Kräfte durch unsere Herzkammern, wie durch ein farbiges Kaleidoskop, dort hinein. Ihr steht hier vor einem Sumpf und hättet nicht gedacht, dass wir auch hier so munter leben, wo seine Oberfläche doch so unbeweglich und zugewachsen erscheint.«

Bisher hatte ich Nymphen eher an Bächen, Flüssen, Teichen oder Seen wahrgenommen, noch nie an einem Sumpf. Ich bemerke, wie mich ihre Beschreibung der Einen Großen Liebe, die durch ihre Herzen direkt in die Gewässer fließt, zu Tränen rührt. Mein Herz möchte augenblicklich überquellen und sich noch mehr weiten, als es das ohnehin schon hat.

»Das Auge täuscht dich, unter der Oberfläche befindet sich vielerorts klares Wasser und auch an den trüben Stellen ist alles im Gleichgewicht. Wir sind fähig, große Gewässer zu reinigen und zu beleben und vielleicht fragst du dich, warum wir das nicht auf der gesamten Erde tun. Wir dürfen es nicht, denn wir leben in der Vereinbarung, den freien Willen der Menschen und ihr selbst erschaffenes Karma zu achten.

Es ist wichtig, dass ihr aus euch heraus eine Balance mit der Belastung der Umwelt erreicht. Wir dürfen die Verschmutzungen, die ihr verursacht, nicht einfach ungeschehen machen. Es ist sehr schwierig für uns, mit den Umweltverschmutzungen zu leben, es bereitet uns gewiss keine Freude. Doch die Verursacher sollen selbst lernen, den Schaden auszugleichen. Gewässer, in denen wir ungehindert wirken dürfen, befinden sich in ständigem Gleichgewicht. Erst wenn es an der Zeit ist, sie der natürlichen Veränderung zu übergeben, wenn zum Beispiel ein Flussbett austrocknen will, ziehen wir unsere Kräfte zurück und finden ein anderes Wirkungsgebiet.

Der schöpferische Strom ergießt sich durch unsere vielen Herzkammern. Er lässt unsere Kräfte auf das Wasser wirken und bringt so neue Informationen hinein, wenn sich die Energien auf der Erde verändern, und durch ihn können wir Gewässer in ein biologisches Gleichgewicht bringen. Die Energien der Gewässer verändern sich derzeit. Höhere Energien fließen durch unsere Herzen in sie hinein. Die reine Urinformation des Göttlichen erwacht im Wasser neu. Fühle in unser Herz. Die Eine Große Liebe leuchtet ganz klar und farbig in ihnen. Schaue in einen Wassertropfen hinein, sie reflektiert sich in ihm. Fühle die wahre Reinheit und belebende Kraft ganz tief in diesem Tropfen.«

Die Nymphe hat recht. Ich kann die pure Reinheit in dem Tropfen spüren und ich sehe die Herzkammern der Nymphen in den verschiedensten Tönen von Gelb, Grün, Königsblau, Türkis, Rot und Violett leuchten. In ihren Herzkammern empfangen sie verschiedene göttliche Frequenzen als Farbstrahlen und leiten sie unmittelbar in die Gewässer hinein, um die Energie und Harmonie dort aufzubauen und zu erhalten.

Und jetzt zeigt die Nymphe mir, dass grundlegende göttliche Informationen in dieser wundervollen Zeit tief im Wasser wiedererwachen. »Durch das Wasser werden die Frequenzen die Menschen erreichen, die bereit dafür sind. Sie unterstützen die Veränderungen auf der Erde.«

Ich danke der Nymphe für diese wichtigen Eindrücke und löse mich mit Liebe im Herzen und einem Segensgruß aus unserem Gespräch. Dann gebe ich dir ein Zeichen und wir setzen den Weg weiter fort zu dem ganz speziellen Platz, den ich eigentlich schon am Morgen besuchen wollte.

Zu jener Zeit, das wusste ich, säuberten ihn allerdings noch mehrere Gärtner, weshalb ich mich auch veranlasst fühlte, ihn zunächst zu meiden. Erst jetzt, zu einer späteren Tageszeit, hatte ich dorthin zurückkehren wollen.

Der Platz besteht aus einem von mehreren Bäumen umsäumten Rondell. Zwischen den Bäumen stehen jeweils Sitzbänke, die zum Verweilen einladen. Doch der mediale Blick unter den Platz ist viel interessanter, denn unter ihm dreht sich ein mächtiger Energiestrom. Ich habe schon vor Jahren festgestellt, dass die Energie dieses Platzes tatsächlich Einblicke in vergangene Leben fördert. In dieser Energie fällt es leichter und die Eindrücke kommen schneller ins Bewusstsein. Ich setze mich auf eine der Bänke, lade dich durch einen leichten Klaps auf die Sitzfläche neben mir ein, dich ebenfalls zu setzen, und spüre in die Energiespirale hinein. Schon nach kurzer Zeit tauchen Eindrücke eines meiner vergangenen Leben auf. Es zeigt sich immer das, was gerade sinnvoll oder wichtig ist.

Als Erstes sehe ich zunächst noch verschwommen das Bild eines hohen Gebirges. Es ist nur eine erste, blitzartige Ahnung, doch ich lasse mich darauf ein und langsam wird es deutlicher. Ich bin eine Frau und befinde mich oberhalb der Baumgrenze zwischen Unmengen von Eis und Schnee. Wie meine vier Weggefährten bin ich in dicke Tierfelle gekleidet und atme die klare, kalte Gebirgsluft. Einer meiner Begleiter wendet sich mir zu. Ich schaue in sein fröhliches Gesicht. Wir sind auf Wanderschaft, um neues Land für unser Volk zu finden. Wir lassen die Blicke über den Bergkamm schweifen, voller Begeisterung für das, was es zu entdecken gibt. Unsere Suche ist von purer Freude erfüllt und schenkt mir genügend Kraft, um diese anstrengende Reise mühelos durchzustehen. Ich spüre keine Kälte, selbst in meinem ungeschützten Gesicht nicht. Das Volk, zu dem ich gehöre, scheint kein Empfinden dafür zu haben. Der eisige Wind, der mir entgegenschlägt, fühlt sich einfach nur nach Heimat an – in diesem unglaublich starken und vitalen Körper. Wir alle vier freuen uns auf eine mögliche neue Heimat im nächsten Tal und stapfen weiter.

Damit ist dieser Einblick beendet. Es bleibt das Gefühl unfassbarer körperlicher Vitalität zurück sowie die Erkenntnis, dass unser Geist stark genug ist, selbst der extremsten Kälte zu trotzen. Ich war dort so stark von Begeisterung für die Suche nach unserer neuen Heimat erfüllt, dass diese Begeisterung sogar meinem Körper erwärmte.

Gleich darauf taucht ein neuer Eindruck auf. Das Bild eines riesigen Ozeans steigt in mir auf. Eine Meerjungfrau schwimmt an die Wasseroberfläche und plötzlich weiß ich, dass auch sie eine Inkarnation von mir ist. Diesmal bin ich kein Mensch, sondern in den Reichen der Wasserwesen unterwegs. Wie wohl ich mich hier fühle! Ich habe kein Empfinden für Nässe, das Wasser ist einfach mein Element, mein natürlicher Lebensraum. Ich kann im Ozean schweben, schwimmen, mich darin bewegen, ganz gleich in welcher Höhe oder Tiefe. Ich spüre keine Temperaturunterschiede, es ist immer angenehm.

Als Meerjungfrau erlebe ich die Tiefen des Ozeans ohne erkennbare Lichtquelle über mir und doch erscheint er mir hell ausgeleuchtet, selbst in den allergrößten Tiefen. Vor mir kann ich Abschnitte von mehreren hundert Metern überschauen. Ich frage mich, woran ich mich in diesem riesigen Gewässer eigentlich orientieren soll, und erkenne, dass ich mich anhand meiner Gefühle und von Schallwellen zurechtfinden kann.

Habe ich hier eine Familie? Ich spüre, dass ich nach rechts unten schwimmen muss, um zu meinem Volk zu gelangen. Ich spüre mein Volk in meinem Herzen und auf diese Weise orientiere ich mich. Ich schwimme einfach dorthin, wohin es mich zieht, und es spielt gar keine Rolle, wie weit entfernt dieser Ort ist. Zügig gleite ich durch den weiten Ozean, ohne dass es mich im Geringsten anstrengt, größere Strecken zurückzulegen. Die liebevolle Ausstrahlung meiner Familie zieht mich an und schenkt mir Kraft. Wie interessant!

Wenn ich in andere Leben von mir schaue, fühlen sie sich nicht wirklich vergangen an, nur der Verstand vermittelt mir das. Er denkt gerne in Zeiteinheiten, weil wir es so gelernt haben und weil es der Qualität des Lebens auf der Erde mit seinen Begrenzungen entspricht. Alle Leben sind großartige Geschichten, in denen man verschiedene Qualitäten entwickeln und ausprobieren kann. Unsere Seele behält für immer den Zugang dazu. Wir sind lebendig und verlieren unsere wunderbaren Qualitäten nie vollständig.

Wenn ich meinen Fokus auf ein solches Leben lenke, kann ich die Kraft der Meerjungfrau spüren und die Kraft der Frau im Gebirge. Ich spüre das gute Gefühl, vital zu sein und meinem Körper bedingungslos vertrauen zu können.

Nicht einmal Kälte muss ich erleiden, wenn ich meinen Fokus auf etwas anderes richte. Das schenkt mir erhebende Einblicke und ich öffne mich immer weiter für mein multidimensionales Bewusstsein. Ich bedanke mich bei all diesen Orten und all den Wesen für ihre Unterstützung.

Ich liebe diese Erfahrungen. Sie stärken meine mediale Wahrnehmung und offenbaren so viele erstaunliche Kräfte. Und das ist auch dir möglich. Auch du kannst solche Orte ganz einfach aufsuchen. Du brauchst dir nur meditativ Einblicke in deine vergangenen Leben zu verschaffen. Nimm dir dazu etwas Zeit und Ruhe und bitte deine Seele, dir entsprechende Erfahrungen zu gewähren. Nimm dann einfach alles wahr, was in dir aufsteigt. Zu Beginn werden wahrscheinlich nur miniaturartige Bruchstücke auftauchen. Vielleicht braucht es auch eine Weile, bis überhaupt etwas erscheint. Ich habe damit vor einigen Jahren begonnen und der erste Einblick ließ etwas auf sich warten. Nimm jeden noch so feinen Eindruck wahr und spüre in ihn hinein. Mit etwas Übung wird es dir sicher gelingen.

Am Ende dieses Tages bin ich nun ganz beseelt und beglückt und verlasse den Park mit übervollem Herzen. Du warst an meiner Seite. Wie geht es dir mit diesen Eindrücken? Bei unserem Ausflug hast du deine medialen Sinne eingesetzt, mehr, als du es wahrscheinlich erwartet hast. Es war ein sehr lebendiger Unterricht, bei dem du äußerst spannende Einblicke in die Vorgänge der Natur und ihrer Bewohner erhalten und ganz nebenbei eine Menge über dich selbst erfahren durftest. Hättest du das vermutet?

Vielleicht konnte dir die Beschreibung meiner Wahrnehmungen dabei helfen, deine eigenen leichter zu finden. So hast du eine Vorstellung bekommen, wonach du Ausschau halten solltest. Auch nach all den Jahren bin ich von jedem Ausflug dieser Art wieder aufs Neue begeistert und beflügelt. Wie hat dir der Ausflug gefallen? Vielleicht dürfen dir meine Beschreibungen und die Channelings der Naturwesen eine Inspiration sein, die Welt einmal auf ganz andere Weise zu erkunden. Nichts geht über die eigene Erfahrung.

Es war sehr inspirierend und du kannst auch allein solche Ausflüge erleben.

Erlebe deine eigenen Wunder!
Ich wünsche dir ganz viel Freude auf deinen Ausflügen!

11

Wissenswertes über Channeling

Fragen & Antworten

»Durch Channeling beginnst du erhöhte
Bewusstseinsebenen zu erfahren.
Mit ihrer fortschreitenden Integration wirst du
bemerken, dass das ALLES der Einheit durch dich
fließt und spricht.«

Die höchste Ausrichtung beim Channeln

Die liebevolle Einstimmung über das Herz ist die erste wichtige
Voraussetzung für einen medialen Kontakt zur Geistigen Welt.

Um reine, umfassende Channelings mit übergeordneten Informationen zu erhalten, ist es grundsätzlich notwendig, deinen inneren Kanal über dein Herzchakra an die höchste göttliche Quellebene anzubinden, damit ein multidimensionales und reines Spektrum an Informationen erreichbar wird. Deine Herzensabsicht, dich nur auf die höchste, reinste Wahrheit und Liebe zum höchsten Wohle aller Wesen auszurichten, sollte tief und aufrichtig verinnerlicht sein. Über deinen Kanal werden Zugänge zu den verschiedenen Quellen der Geistigen Welt möglich. Ein Channeling geht dabei weit über die Persönlichkeitsebene eines Wesens, die bei der medialen Kommunikation erreicht wird, hinaus.

Wenn du Durchgaben erlaubst, die nicht in der göttlichen Liebe und Wahrheit schwingen, so öffnest du dich für niedere Schwingungen und setzt deinen Wert herab.

Dies wäre eine Opferhaltung und würde weitere niedere Schwingungen und Wesen anziehen.

Woran erkenne ich reine Botschaften?

Reine Channelings kannst du an der spürbaren Liebe erkennen, von der sie erfüllt sind, an ihrer hohen Energie und einem Gefühl der Stimmigkeit. Lichtwesen, die in reiner Liebe und Wahrheit antworten, werden dich in Botschaften nie zu etwas drängen oder Angst suggerieren. Wenn du Botschaften solcher Art bekommst, bist du mit niederen Bewusstseinsebenen verbunden oder channelst eigene verletzte Seelenanteile. Verabschiede dich klar aus einem solchen Kontakt und beende das Channeling. Richte dich dann nach einer kleinen Pause wieder deutlich auf die hohen Lichtschwingungen der göttlichen Quelle aus und probiere es erneut.

Alle Lichtwesen wie Engel, aufgestiegene oder kosmische Meister sind stets liebevoll und geduldig. Sie werden dir immer Wahlmöglichkeiten vorstellen und diese auf Nachfrage auch gerne erläutern. Wesen in niedrigen Bewusstseinszuständen und mit unstimmigen Gesinnungen kannst du an der fehlenden Herzensausstrahlung erkennen und an dem disharmonischen Gefühl, das sie in dir erzeugen werden.

Auf welche Weise kann ein Channeling hilfreich sein?

Channelings können uns hilfreiche Informationen zu allen Lebenssituationen und Hintergründen geben. Wir können über sie nächste Schritte auf unserem Weg abfragen, persönliche Fragen stellen, Informationen über vergangene Leben, Hintergründe des allgemeinen Weltgeschehens, der Seelenwege und vieles mehr erhalten. Auf der Frequenz der Akasha-Chronik lassen sich übergeordnete Seelenziele und Lebenspläne channeln. Den Wissensgebieten sind kaum Grenzen gesetzt, sie können sich über die galaktischen und kosmischen Ebenen bis in die göttliche Wirklichkeit erstrecken. Alle Fragen sind möglich.

In einem Channeling wird das Leben aus einer stark erhöhten Bewusstseinsperspektive beleuchtet, so dass Lösungen erkennbar werden. Wir sind den Geschehnissen nicht mehr blind ausgeliefert, sondern können verstehen, was vor sich geht.

Jedes Channeling führt uns in erhöhte Bewusstseinsebenen hinein, lässt sie uns erleben und leichter integrieren. Ein wahres Füllhorn von Möglichkeiten öffnet sich! Je weiter du dich mit dem Channeling entwickelst und die verschiedenen Zugänge deines Kanals öffnest, desto umfangreichere Informationen wirst du erhalten. Wenn du beispielsweise keine Engel channeln kannst, so ist das ein Zeichen dafür, dass dein Kanal auf dieser speziellen Frequenz noch eine Öffnung benötigt.

Ist das Channeln erlernbar?

Auf jeden Fall. Die Fähigkeit des Channelns und andere mediale Fähigkeiten müssen nicht unbedingt von Geburt an in uns aktiv sein. Manche Menschen meinen, sie müssten schon von Kindesbeinen an channeln können und es wäre keine erlernbare Fähigkeit. Hier darf ich glücklicherweise widersprechen und jeden, der den Wunsch hat, ermutigen, dass er diese lebensbereichernden Fähigkeiten auf jeden Fall wiedererwecken und trainieren kann. Manchmal hat unsere Seele zunächst eine Zeit ohne aktive mediale Fähigkeiten für uns vorgesehen, weil wir vielleicht noch eine bestimmte Erfahrung machen wollten oder der Zeitpunkt aus anderen Gründen nicht richtig war.

Warum konnte ich nicht immer schon channeln?

Warum nicht alle Menschen einfach von sich aus channeln können, wo es doch angeblich unsere natürliche Fähigkeit ist? Das ist eine sehr berechtigte Frage. Es liegt vor allem daran, dass es uns für gewöhnlich zunächst einmal niemand beibringt. Wir bleiben in dieser Richtung völlig untrainiert und wissen auch überhaupt nicht, dass es so etwas gibt, geschweige denn, wie wir es aktivieren und üben könnten.

Je mehr wir unseren Fokus im Laufe des Erwachsenwerdens auf den denkenden Verstand und die materielle Realität ausrichten, desto mehr entfernen wir uns von unseren medialen Wahrnehmungen, die weit über das Sichtbare hinausgehen. Hilfreich ist sicherlich eine angeleitete Erfahrung, wie sich die höheren Dimensionen und Quellen überhaupt anfühlen, und eine saubere Rückverbindung, die entweder durch die geistige Welt oder einen irdischen Lehrer geschieht.

Wie lasse ich ein Channeling fließen?

Wenn du eine Frage stellst, so lasse die Antwort durchfließen und schreibe nahtlos auf, was kommt. Frage dich nicht, ob der Text nun richtig oder falsch ist, denn dadurch würdest du den Fluss des Channelings sofort blockieren.

Es ist sicherlich ungewohnt, den Verstand liebevoll beiseite zu stellen und ohne nachzudenken ein Channeling einfach aufzuschreiben oder auszusprechen. Du bist darauf angewiesen, dem Fluss des Channelings zu vertrauen und erst danach zu sehen, was dabei herausgekommen ist. Es braucht Vertrauen und Gelassenheit, um Channelings frei fließen zu lassen. In einem echten Channelingfluss bauen sich selbst komplexe Sätze zügig fortlaufend und völlig harmonisch auf. Ein stimmiges Channeling kann vom Empfänger immer gut angenommen werden, denn die tiefere Wahrheit darin ist spürbar.

Was kann dich beim Channeln blockieren?

Die meisten Blockaden rühren meiner Erfahrung nach von mangelndem Vertrauen, Zweifeln und Unsicherheit her. Diese negativen Emotionen stammen aus der Verletzungsebene. Gedanken der Unruhe und negative Emotionen dürfen wir für den Zeitraum eines Channelings liebevoll hinter uns stellen, leer und empfangsbereit sein. Der Vertrauensaufbau ist sehr wichtig und kann durch positive Rückmeldungen von Empfängern der Botschaft oder versierten Channelern unterstützt werden.

Durch das Heilen innerer Wunden werden der Kanal und das Selbst immer hochschwingender und freier.

Wie stelle ich die richtigen Fragen?

Zu Beginn solltest du dir keinen unnötigen Druck erzeugen. Wenn du Lebensfragen nimmst, die dich schwer beschäftigen, kann dein emotionaler Druck sehr groß sein und ein Channeling erschweren oder verfälschen. Bitte dann lieber um eine Botschaft, die gerade passend für deinen Weg ist, oder stelle einfach allgemeine Fragen zum Weltgeschehen.

Weiterhin sollten Fragen vermieden werden, die mit Ja oder Nein beantwortet werden können. Bitte die Geistige Welt lieber um Erklärungen und Lösungsvorschläge, damit ein Fluss entstehen kann. Zudem kann eine Ja/Nein-Frage zusätzlichen Druck beim Channeln erzeugen.

Es kann auch vorkommen, dass Fragen zu ungenau formuliert sind. Wenn zunächst keine Antwort fließt, ist es immer einen Versuch wert, die Frage umzuformulieren.

Wenn das nicht hilft, würde ich empfehlen nachzufragen, warum die Frage nicht beantwortet werden kann, denn vielleicht würde die Antwort eine anstehende Erfahrung vorwegnehmen oder der Zeitpunkt ist nicht richtig. Hier ist es wichtig nachzufragen, um Klarheit zu erlangen.

Eine gute Fragestellung ist beispielsweise: Bitte erkläre mir die Ursachen von Thema X und nenne mir die Lösung. Wenn dein Channeling ins Stocken gerät, kannst du kleine Zwischenfragen einbauen, um den Fluss wieder anzuregen.

Stichworte oder lange Sätze?

Es ist ganz normal, dass Channelings bei einem Anfänger zunächst nicht allzu lang ausfallen. Ich vergleiche es gerne mit Bodybuilding. Es braucht schon etwas Training in der Kraft des inneren Kanals, um die hohen Energien eines Channelings über einen gewissen Zeitraum halten zu können. Ein Anfänger wird es zu Beginn kaum schaffen, zwei Stunden am Stück zu channeln. Zu Beginn sind zehn bis zwanzig Minuten mehr als genug. Du wirst dann bemerken, dass der Fluss von selbst abflacht. Übung macht hier den Meister.

Manchmal hat der Umfang eines Channelings auch etwas mit der inneren Bereitschaft zu tun. Bist du eher ein Mensch der kurzen, knappen Aussagen? Dann ist es wichtig, eine Bereitschaft zu entwickeln, auch längere Sätze zuzulassen, und deine Auskunftsquelle gezielt zu bitten, die Durchgaben ausführlicher zu machen und länger fließen zu lassen.

Kann ich auch für mich selbst channeln?

Ja, natürlich. Das macht auch sehr viel Sinn, denn darüber werden dir sehr wertvolle Informationen und Einblicke zugänglich, die deine Entwicklung und freie Lebensgestaltung fördern.

Nur wenn du emotional aufgewühlt bist, kann es schwierig bis unmöglich sein, ein reines Channeling fließen zu lassen, denn deine negativen Emotionen würden es einfärben. Warte dann, bis sich deine Emotionen beruhigt haben oder du sie geheilt hast, und bitte zusätzlich jemand anderen, für dich zu channeln. Durch den Vergleich der beiden Channelings lässt sich dann gut feststellen, inwieweit sich dein Ego eingemischt hatte. Mit genügend Übung wird es dir immer besser gelingen, auch zu einem emotional belasteten Thema zu channeln.

Was ist beim Channeln für andere Menschen zu beachten?

Der Mensch, der ein Channeling von dir erhalten möchte, sollte bereit dafür sein und von sich aus darum bitten. Dränge bitte niemandem ein Channeling auf, denn es wäre eine Einmischung und könnte für beide Seiten eine negative Erfahrung werden. Wenn du üben möchtest, bitte die Geistige Welt, dir Gelegenheiten zu zeigen und dich mit Menschen in Kontakt zu bringen, die offen für ein Channeling sind.

Möchtest du Menschen mit deinen medialen Fähigkeiten unterstützen, solltest du ihnen einfühlsam und liebevoll begegnen. Sei mitfühlend mit anderen, ohne zu bewerten oder mitzuleiden, und kläre deine eigenen Themen. Durch Mitleid gerätst du in eine Opferhaltung und entwickelst negative Emotionen, die das Channeling verfälschen können. Im Zustand des Mitgefühls hingegen geht es dir selbst gut und du kannst für andere Menschen ein kraftvoller Fels in der Brandung sein.

Die Durchgaben sollten natürlich rein und dein Kanal gut angebunden sein. Frage nach, ob dein Klient das Channeling auch richtig verstanden hat. Wenn du bemerkst, dass er oder sie bestimmte Stellen anders auffasst, als es dem eigentlichen Sinn entspricht, so channele verständliche Erklärungen nach, damit der Mensch in Klarheit nach Hause gehen kann.

Nimmt ein Channeling Entscheidungen ab?

Nein. Die Aufgabe der Lichtebenen ist es, uns zu bestärken und unsere Unabhängigkeit zu fördern. Die Geistige Welt wird liebevoll verschiedene Entscheidungsmöglichkeiten mit ihren möglichen Vor- und Nachteilen beleuchten und Empfehlungen geben. Für den Empfänger der Botschaft ist es ganz wichtig, in seiner Eigenverantwortung zu bleiben.

Die Hilfen aus der Geistigen Welt nehmen keine Entscheidungen ab, sie beraten, dienen unserer nachhaltigen Entwicklung und berücksichtigen den freien Willen.

Warum kann sich ein Channeling zunächst ausgedacht anfühlen?

Wenn du einen Engel oder eine andere höhere Quelle channelst, so schwingst du auf der erhöhten Bewusstseinsebene mit und alle Botschaften werden dir dadurch so selbstverständlich erscheinen, als hättest du es immer schon selbst gewusst. Weiterhin arbeitet das Kommunikationszentrum deines Gehirns an der Übersetzung der Botschaften mit und auch dadurch kann der Eindruck entstehen, dass du dir die empfangenen Worte gerade selbst ausgedacht hast.

Ich möchte dir einen kleinen Vergleichstest empfehlen, indem du eine allgemeine Frage des Weltgeschehens aufschreibst, die du selbst nicht beantworten kannst. Konzentriere dich jetzt ausschließlich auf deinen Kopf und versuche dann, nur aus deinem Gehirn eine schlüssige Antwort mit einleuchtenden Erklärungen, ganz schnell und ohne abzusetzen, aufzuschreiben. Du wirst dabei sehr schnell feststellen, dass es nicht möglich ist, solche schlüssigen und umfassenden Sätze, wie sie bei einem Channeling ganz selbstverständlich fließen, in dieser Geschwindigkeit und Stimmigkeit aus deinem denkenden Kopf heraus zu erzeugen.

Wenn du mit dem Channeln beginnst, wird dich die Geistige Welt nicht mit zu komplexen Botschaften überfordern wollen. Deshalb werden wahrscheinlich erst einmal einfacher erscheinende Botschaften durchkommen, damit du üben kannst. Mit weiterem Training und mehr Sicherheit können die Botschaften dann schnell komplexer werden.

Noch ein kleiner Trick zur Bestätigung: Wenn du ein empfangenes Channeling mehrere Tage zur Seite legst und dann erneut durchliest, wirst du deutlicher erkennen können, dass der Inhalt und auch die Wortwahl aus einer anderen Quelle als deinem eigenen Kopf stammen.

Bleibe ich beim Channeln bewusst und präsent?

Ja, auf jeden Fall. Durch die erhöhten Energien auf der Erde ist es schon seit vielen Jahren nicht mehr notwendig, für ein Channeling in Volltrance zu gehen. Es sind auch keine tagelangen Rückzüge oder Dauermeditationen nötig, um ein Channeling zu empfangen. Eine ganz leichte Trance reicht völlig aus. Dabei bist du als Channeler gut geerdet und präsent.

Während des Channelings befindest du dich in erhöhten Bewusstseinszuständen und hast umfassenden Zugang zu den Informationen und Gefühlen dieser Ebene. Die Botschaft wird dir bewusst. Sie ist jedoch noch kein integrierter Bestandteil deines Tagesbewusstseins, denn sonst hättest du dir die Antwort auch selbst geben können. Deshalb macht es sehr viel Sinn, die Botschaften aufzuschreiben oder aufzunehmen, denn ihr Inhalt wird schnell wieder vergessen, da du ihn so schnell nicht integrieren kannst. Die Durchgaben werden schrittweise zu deinem eigenen Wissen, indem du sie verarbeitest.

Wenn du dich mit ihnen weiterentwickelst und sie später in Erfahrung umsetzen kannst, hast du sogar deine Weisheit erweitert, denn sie ist dein gelebtes Wissen.

Gibt es auf alle Fragen eine Antwort?

Wenn du für dich selbst oder einen anderen Menschen channelst, kann es durchaus auch einmal geschehen, dass zu einer Frage keine Antwort durchkommt. Dies ist kein Zufall und hat immer einen bestimmten Grund. Zum einem kann es sein, dass der Zeitpunkt noch nicht stimmig ist oder dem Menschen etwas vorweggenommen würde, das er selbst erst noch erfahren darf. Bringe dann liebevoll in Erfahrung, warum es gerade keine Antwort für den Fragesteller gibt, und erkläre einfühlsam die möglichen Gründe.

Eine weitere Möglichkeit könnte sein, dass deine Tagesform gerade nicht gut ist und du die hohen Energien deines Kanals nicht halten kannst. Du bist als Channeler nicht für den Empfang und den Inhalt der Botschaften verantwortlich, dein Verstand ist daran nicht beteiligt. Du kannst dich nur für ein Channeling öffnen und sehen, was zu dir fließt. Die Wesen des Lichts entscheiden immer aus einer übergeordneten Weisheit, welche Informationen gegeben werden dürfen, ob und in welchem Rahmen sie angemessen sind. Deshalb kannst du eine Antwort als Channeler nicht garantieren, du hast darauf keinen Einfluss und es liegt nicht in deiner Verantwortung. Du trägst lediglich die Verantwortung für die korrekte Ausrichtung deines Kanals auf höchste Ebenen, für reine Channelings und deine eigene innere Klärung. Du stellst dich reinen Herzens zur Verfügung, um Botschaften zu empfangen, und wenn es nicht an der Zeit für eine Antwort ist, dürfen wir das akzeptieren.

Warum kann ich manche Botschaften nicht übersetzen?

Es kann vorkommen, dass Informationspakete zu dir fließen, die du noch nicht richtig übersetzen kannst. Das kann dann ein etwas eigenartiges Gefühl sein. Man weiß, dass die Antwort da ist, aber sie fließt trotzdem nicht in die passenden Worte hinein. Ein Grund hierfür kann sein, dass deine Erdung gerade nicht gut ist, so dass die Information nicht richtig in deinen Kanal einfließen kann.

Es ist aber auch möglich, dass dir noch eine Öffnung zu einer bestimmten Bewusstseinsebene oder in ein neues Wissensgebiet fehlt. Wenn du auf einem Gebiet überhaupt noch kein bewusstes Wissen hast, kann es schwierig sein, die ersten Botschaften über dieses neue Gebiet zu übersetzen. Manchmal kann schon ein kleiner Hinweis auf das Thema eine Öffnung bewirken, damit du die Informationen übersetzen kannst. Bitte hierzu um Führung.

Ich habe so etwas auch schon erlebt und dann Hinweise oder Bewusstseinsöffnungen aus der Geistigen Welt oder durch irdische Helfer erfahren und plötzlich konnte ich die Botschaft ganz leicht übersetzen. Einmal spürte ich ein großes Informationspaket, das einfach nicht durchfließen wollte. Ich gab meine Bitte an die göttliche Quelle ab und nach ein paar Tagen stieß ich im Internet auf einen Artikel über aktuelle Ausgrabungen in Ägypten. In jenem Moment machte es Klick und ich wusste, dass die Informationen irgendetwas mit Ägypten zu tun hatten. Danach stimmte ich mich wieder ein und empfing umfangreiche Durchgaben über Einweihungsriten und Symboleinprägungen in altägyptischen Priesterschaften.

Persönliches Wachstum durch Channeling

Mit jedem Channeling öffnest du dein Herz und erhöhst dein Bewusstsein. Du wirst mit der Zeit bemerken, dass es deine

Entwicklung sehr unterstützen und beschleunigen wird. Durch die hohe Verbindung, die beim Channeling entsteht, wirst du in erhöhte Bewusstseinsebenen angehoben, beginnst sie zu erfahren und auch bereits teilweise zu integrieren. Deine eigene Weisheit öffnet sich, du kannst lebendigen Unterricht und übergeordnetes Wissen empfangen.

Die verschiedensten Quellen der Geistigen Welt, wie auch Pflanzen und Tiere, haben mich über die Jahre stets liebevoll beraten und ich habe es immer als unfassbare Bereicherung empfunden, sie bewusst verstehen zu können. Die Inhalte meiner Ausbildungen und Veranstaltungen sind gechannelt, denn wie könnte ich aus meinem Kopf heraus wissen, was hier wirklich funktioniert?

Meine Stimme hat sich im Laufe der Jahre durch die gesprochenen Channelings um einige Klangfacetten erweitert und regelrecht geöffnet, damit die Energien noch stärker fließen können. Das Channeling hat meinen Weg und meine Bewusstseinsöffnungen auf ganz besondere Weise unterstützt. Es ist eine äußerst lebendige Weise, den eigenen Horizont zu erweitern, bedingungslose Liebe zu spüren und das Herz ganz weit zu öffnen. Es gibt sicherlich noch vieles zu entdecken, denn die göttliche Schöpfung ist unbegrenzt!

Anreden beim Channeling

Um ein Channeling zu beginnen, werden gerne Anredeformeln verwendet, wie zum Beispiel »Geliebtes Wesen«, »Wir grüßen dich« oder ähnliches. Damit bringen unsere Kommunikationspartner uns ihre Liebe und Achtung entgegen. Auch wir dürfen sie liebevoll und freudig begrüßen und uns für ein empfangenes Channeling bedanken. Einige Engel und Aufgestiegene Meister drücken sich gerne blumig aus, so dass die Sätze manchmal auch etwas altmodisch oder leicht geschwollen klingen können, während andere glasklar und präzise sprechen. Die Ansprachen sind dabei so individuell wie die Wesen selbst.

Die Geistige Welt spricht in Channelings meistens in der Wir-Form. Auch wenn ein bestimmter Engel mit dir kommuniziert, so wird er als »Wir« sprechen und nur in Ausnahmefällen oder für ein besseres Verständnis als »Ich«. Das hat den Grund, dass die Lichtwesen mit der Bewusstseinsebene der Einheit verbunden sind, die alle Seelen mit der göttlichen Quellebene vereint. Als Ausdruck dieser Verbundenheit bezeichnet sich dann auch ein individuelles Lichtwesen als »Wir«.

Das Channeling der Schutzengel in diesem Buch geht nach dem dritten Satz ausnahmsweise vom »Wir« in die »Ich«-Form über. Das hat einzig den Grund, dass dein Schutzengel dir seine persönliche Anwesenheit signalisieren möchte.

Bei den Naturwesen, Tieren und unseren lieben Verstorbenen ist das »Ich« die gängigere Ausdrucksform, denn sie sind noch stärker mit ihren irdischen Leben identifiziert.

Die Einfärbung von Channelings

Bei Channelings wird auch dein eigener Wort- und Wissens-schatz genutzt. Das lässt sich nicht ganz umgehen. Dadurch erhalten die Durchgaben zu einem gewissen Grad eine Färbung, die sich nicht vermeiden lässt. Dies sollte jedoch durch Übung, fortschreitende Bewusstseinsöffnung und Eigenklärung so gering wie möglich gehalten werden.

Sehr oft kommen aber auch Formulierungen durch, bei denen klar ist, dass der Satzbau und die Ausdrucksformen nicht aus der Persönlichkeit des Channelers stammen. Beim Aufschreiben der Botschaften kann sich zudem deine persönliche Handschrift verändern und ein weiteres Signal bieten. Je weiter deine Be-wusstseinsöffnung fortgeschritten ist, desto umfassendere Chan-nelings kannst du empfangen.

Deine eigene Meinung sollte sich hier nicht einmischen, sonst würdest du das Empfangene bewerten und verfälschen. Du sollest dich selbst emotional von den empfangenen Botschaften zurückhalten können, denn die Einmischung negativer Emotionen und eigener Interpretationen würde ein unreines und damit ungültiges Channeling erzeugen.

Wann immer du bemerkst, dass sich negative Emotionen einschalten, beende das Channeling und erkläre es für ungültig. Versuche es erneut, wenn sich deine Emotionen beruhigt haben. Deine eigenen Gedanken, Bewertungen und negativen Emotionen stellst du während eines Channelings liebevoll hinter dich, damit eine reine Botschaft fließen kann. In deinem Kanal schwingen nur Liebe und die höchste Anbindung an die Einheit der göttlichen Quelle, zum höchsten Wohle aller Wesen. Dies darf immer die wichtigste Grundhaltung beim Channeln sein.

Heilenergien in Channelings

Bei einem Channeling kommen für den Channeler wie auch den Fragesteller unterstützende Energien in Gang. Diese wirken während des Channelings wie auch noch einige Tage danach und fördern Lösungs- und Erkenntnisprozesse.

Wenn du als Medium ganz bewusst deine Bitte für den Empfang von Heilenergien äußerst, kannst du während eines Channelings ganz gezielt Heilimpulse für dich selbst oder natürlich für deine Klienten empfangen. Die Geistige Welt kann dir Heilschritte wie auch Heilmethoden übermitteln. Auf diese Weise habe ich fast alle Heilweisen, die ich erfolgreich anwende und weitergebe, empfangen.

Channeling als wertvolle Erweiterung von Heilsitzungen

Durch Channeling werden Geistiges Heilen, Clearing, Energiearbeit und die vielfältigsten verwandten Bereiche unglaublich erweitert und bereichert. Man kann die Ursachen von Erkrankungen und Problemen abfragen wie auch Heilschritte und sogar individuell passende Heilenergien über den hochangebundenen inneren Kanal abrufen und fließen lassen. Die hohen Sphären sind von bedingungsloser Liebe erfüllt und so ist es für den Channeler wie auch den Empfänger der himmlischen Gaben gleichermaßen beglückend, diese Unterstützung aus erster Hand erfahren zu dürfen.

Beim Channeln erlangt man die Freiheit und das Wissen, auch mit ungewöhnlichen oder noch unbekannten Dingen umgehen zu können. So konnte ich in Heilsitzungen schon die unglaublichsten Dinge lösen, weil ich die geistigen Helfer verstehen und Heilschritte mit den Klienten gehen konnte, die mir von dort gezeigt wurden. Channeling und Heilung verschmelzen dabei zum äußerst effektiven Heilchanneling.

Ähnlich bei Clearings, wenn man Seelen ins Licht begleitet. Viele der Seelen gehen sehr leicht durch die Lichtportale, weil sie bereit dazu sind, aber es gibt auch schwierigere Fälle, in denen die anhaftende Seele noch mit ihren Problemen verstanden werden möchte, bevor sie gehen kann. Dann ist es eine zusätzliche wertvolle Hilfe, wenn man die Seele genau verstehen und zusätzlich eine übergeordnete Quelle wie einen Engel befragen kann, was noch erforderlich ist, um das Clearing erfolgreich zu Ende zu bringen.

Nachdem ich in meiner ersten offiziellen Clearingsitzung ein Haus gecleart hatte, fühlte sich die Atmosphäre danach zwar sehr rein und gut an, doch ich spürte, dass etwas fehlte. Durch Nachdenken wäre ich nicht darauf gekommen, per Channeling teilte mir die Quelle allerdings mit, dass ich Energien des Neubeginns in das Haus einströmen lassen möge. Ich befolgte den Rat und erst danach fühlte sich die Sitzung wirklich rund an. So etwas kann beispielsweise nicht standardisiert werden, sondern nur individuell abgefragt werden, denn nicht jedes Haus benötigt Energien des Neubeginns. Andere benötigten Liebe, Klarheit, Frieden oder sonstige Qualitäten. Auf diese Weise erweitert sich das bisherige Wirken und man entdeckt immer wieder neue heilsame und hilfreiche Dinge.

Channeling kann sämtliche therapeutischen und auch andere Berufe hervorragend unterstützen. Ich hatte beispielsweise Gärtner in meinen Ausbildungen, die gerne detailliert mit Pflanzen und Naturwesen kommunizieren wollten, und es erweiterte ihr Wirken ganz wundervoll. Yogalehrer und Massagetherapeuten bauten gechannelte Meditationen oder Heilenergien in ihre Stunden ein. Coachingsitzungen lassen sich durch gechannelte Informationen begleiten. Krankenhausmitarbeiter konnten leichter mit den Patienten sprechen und Hospitzmitarbeiter konnten channeln, was die Seele eines Sterbenden benötigt, um loslassen zu können, oder um die richtige Ansprache für die Angehörigen zu finden. Ich habe so viele wundervolle Beispiele von meinen Teilnehmern gehört.

Durch Channeling und die daraus hervorgegangenen medialen Reisen konnte ich die Erdchakren und höheren Chakren, die Jenseitsebenen, einige höhere Dimensionen und vieles mehr inzwischen ausgiebig erkunden und erforschen. Ohne diesen Zugang wären sie mir verschlossen geblieben. Der Anwendbarkeit von Channelings sind keine Grenzen gesetzt. Auch bislang unbekannte Bereiche dürfen noch geöffnet und erkundet werden.

Die Multidimensionalität gechannelter Botschaften
Channelings sind multidimensional und enthalten Bewusstsein, Impulse, Energien, Klänge, Farben und vieles mehr. Beim erneuten Lesen oder Hören eines Channelings geben sie weitere Informationsschichten frei, die du auf deinem alten Entwick-

lungsstand noch gar nicht aufnehmen oder verarbeiten konntest. In den Worten, Farben und Bildern sind verschiedene Schwingungsebenen hinterlegt, die gemäß deiner Entwicklung ständig neue Erkenntnisse anregen. Dadurch sind Channelings eine ganz wunderbare, lebendige Quelle für Anschübe in deiner Entwicklung. Das ist auch der Grund, warum man bei gechannelten Texten oder Büchern mit etwas Abstand das Gefühl hat, immer wieder etwas Neues zu lesen, so als hätte jemand den Text heimlich umgeschrieben.

Was kann ich bei Widerständen tun?

Bei einem Channeling wird deine Energie seitens der Geistigen Welt angehoben, damit du die höheren Ebenen erreichen kannst. Dies holt dich aus dem Kokon deiner alltäglichen Gewohnheiten heraus und kann deshalb im Inneren Widerstände auslösen, denn wir lieben die Sicherheit und so kann es etwas Überwindung kosten, die Komfortzone zu verlassen. Dein »innerer Schweinehund« kann sich melden und das ist ganz normal.

In solchen Fällen löse ich meinen Fokus von dem Widerstand, bleibe nicht in ihm verhaftet, sondern richte mich auf das Vertrauen in mir aus, dass die Worte schon fließen werden. Wenn ich Widerstände fühle, verbinde ich mich mit dem Gefühl meiner sanften Herzensliebe und lasse mich davon durchfluten. Das hebt meine Energie sofort an und richtet meinen Fokus wieder auf die Herzensebene und Quelle aus.

Eine weitere Hilfe, die ich bereits erwähnte, kann das Spazierengehen auf leichten, sicheren Wegen oder auch ein Wannenbad während des Channelns sein. Durch die Beschäftigung des Körpers können Widerstände überbrückt und Botschaften leichter empfangen werden. Widerstände sind Schutzprogramme, die zu deinen verletzten Seelenanteilen gehören.

Warum habe ich Schwierigkeiten, hohe Energien zu halten?

Die Schwingungserhöhung in Channelings löst dich vorübergehend von der Identifikation mit deinen Verletzungen und den daraus resultierenden negativen Stimmungen. Nach einem Channeling sinken deine Energien dann auf natürliche Weise wieder ab, weil du sie aus eigener Kraft noch nicht ganz aufrecht halten kannst. Solange du mit unerlösten Verletzungen verbunden bist, werden dich diese immer wieder in niedrigere Energien und damit auch in schlechtere Gefühle hineinziehen.

Viele Menschen wundern sich, warum es ihnen auf spirituellen Seminaren so gut geht, aber dieses Hochgefühl danach leider meistens nur ein bis drei Tage anhält, bevor sie sich in schlechteren Gefühlen wiederfinden. Die Antwort ist ganz einfach: Hier stehen noch unerlöste Blockaden im Weg.

Mit jeder erlösten Verletzung wird die darin gebundene positive Kraft und Weisheit wieder im Hier und Jetzt verfügbar und erhöht unsere Energie, bis wir uns eines Tages ständig in diesen wundervollen Hochgefühlen aufhalten können.

Mir ging es zu Beginn ganz genauso und ich brauchte einige Channelings meiner Helfer, bis ich es begriffen hatte. Erst mein Weg der Eigenklärung brachte mich schrittweise in die Lage, mich schließlich dauerhaft in hochschwingenden und glücklichen Zuständen halten zu können. Es ist mir sehr wichtig, dies hier möglichst verständlich zu erklären, denn manche Menschen resignieren aus Unwissenheit und denken schnell, dass solche schönen Zustände für sie nicht bestimmt wären, aber das ist einfach nicht wahr. Es braucht lediglich innere Bereitschaft und eine ehrliche Arbeit an sich selbst, um dorthin zu gelangen.

Keine Sorge, das Ausheilen alter Wunden wird nicht zur Endlosschleife geraten. Meiner Erfahrung nach reicht es aus, eine kritische Masse an Verletzungen auszuheilen, um einen erhöhten

Bewusstseinszustand und ein glückliches Leben dauerhaft zulassen zu können. Wenn wir darüber hinaus in die Erleuchtung gehen möchten, wird sich in ihr der Rest unserer abgespaltenen verletzten Anteile dann ganz von selbst integrieren.

Vertragen sich Channeling und Alkohol?

Die klare Antwort lautet Nein. Selbst ein kleines Gläschen würde dich in eine unkontrollierte Öffnung bringen und kann niedriger schwingenden Wesen und Energien Zutritt erlauben – und das möchten wir auf gar keinen Fall!

Es sollte vor dem Tag deines Channelings mindestens eine Nacht Abstand zu einem maßvollen Alkoholkonsum bestehen. Wenn du als Channeler oder Heiler für Klienten wirken möchtest, solltest du generell keinen Alkohol trinken oder höchstens dann und wann mal ein kleines Gläschen am Wochenende. Durch die Schwingungserhöhungen wirst du aber ganz von selbst keine Lust mehr auf Alkohol haben.

Wie gehe ich mit Rückschlägen um?

Jede Erfahrung, ganz gleich ob wir sie als gut oder schlecht bewerten, gibt uns die Möglichkeit, etwas Wichtiges zu erkennen und zu verändern. Meiner Meinung nach existieren keine wirklichen Rückschläge, sondern nur Erfahrungen, die uns letzten Endes wachsen lassen. Zweifel und Unsicherheit werden gerade zu Beginn der Channeling-Erfahrungen immer wieder auftauchen, das ist ganz normal. Wenn wir neue Schritte im Leben gehen, wird dies auf ganz natürliche Weise Angst vor Neuem, Zweifel und Unsicherheit hervorbringen. Ich habe sie alle liebevoll in mein Herz genommen und gelernt, sie zu erlösen. Trotzdem habe ich gechannelt und bin meinen Weg offenen Herzens weitergegangen. Du brauchst nicht erst deine sämtlichen Wunden zu heilen, um channeln zu können. Das ist das Wunderbare. Sei einfach offenen

Herzens bereit, deinen Weg zu gehen, und lasse dich führen, der Rest wird dir ganz von allein begegnen.

Wahrscheinlich wird auch einmal der Punkt kommen, an dem du merkst, dass sich dein Ego, sprich deine verletzten Anteile oder ein niedrig schwingendes Wesen, in ein Channeling eingemischt haben. In dem Fall ist es wichtig, nicht gleich zu resignieren, sondern das betreffende Channeling für ungültig zu erklären, dich wieder sauber an die höchste Quelle anzubinden und einen neuen Versuch zu starten.

Eine solche Erfahrung gehört auf dem Weg auch dazu und kann sehr wichtig sein, damit du reine und unreine Botschaften wirklich deutlich zu unterscheiden lernst.

Weiterhin gibt es gute und weniger gute Tagesformen, genau wie bei anderen Tätigkeiten auch. Du wirst Lebensphasen haben, in denen das Channeling viele Wochen oder Monate völlig im Hintergrund steht, weil gerade einfach die Zeit für andere Dinge gekommen ist. In der nächsten Phase kann dann das Channeling wieder eine Zeitlang im Vordergrund stehen und wir haben vielleicht das Bedürfnis, uns darüber mit neuem Wissen geradezu vollzusaugen.

Dankbarkeit und Achtung gegenüber allen Wesen

Bedanke dich nach einem Channeling stets bei deinen Gesprächspartnern. Habe bitte immer liebevolle Achtung vor dir selbst und allen Wesen, ganz gleich ob sie sich gerade auf der »dunklen, gottabgewandten« oder der »lichten, gottzugewandten« Seite der Schöpfung bewegen.

Wir alle stammen aus der göttlichen Quelle, wir gehen lediglich zwischendurch verschiedene Wege.

Du stellst deinen reinen inneren Kanal, deine Kraft und Zeit für Channelings zur Verfügung. Erkenne dies an und danke dir dafür. Auch die geistige Welt, die Lichtwesen, lernen durch den

Kontakt zu dir und wachsen daran. Es ist ein gleichberechtigter und lebendiger Austausch. Fühle dich nicht kleiner oder größer als die anderen Wesen im Multiversum. Die Geistige Welt freut sich über dein Interesse an der Kommunikation und wird dich bestmöglich unterstützen.

Kann ich aus einem Buch channeln lernen?

Diese Frage kann nur mit einem Ja und einem Nein beantwortet werden, denn unsere Bedürfnisse sind ganz unterschiedlich. Es wird wahrscheinlich nicht jedem Menschen möglich sein, nur über ein Buch channeln zu lernen. Gerade wenn noch keinerlei Erfahrungen in diesem Bereich gemacht wurden, weiß man ganz einfach nicht, wie sich die Kontakte zur göttlichen Quelle, zu Engeln, Aufgestiegenen Meistern oder den Naturwesen wirklich anfühlen. Man hat sie noch nicht erlebt und besitzt keinerlei Bezugspunkte. Die Energien sind natürlich auch über das Buch zugänglich, werden aber vielleicht nicht für jeden Leser und auf allen Ebenen zu erfassen sein.

Mein innerer Kanal wurde seitens der Geistigen Welt geöffnet, aber auch nicht in allen Facetten. Ich habe dann den Bewusstseinsvorsprung von geeigneten Lehrern genutzt, damit sie mich in die fehlende Verbindung hinein, beispielsweise zu den Tieren und Aufgestiegenen Meistern, mitnehmen konnten. Medialität ist nicht nur für wenige oder gar auserwählte Personen bestimmt. Sie ist die natürliche Gabe eines jeden Menschen. Dein Interesse zeigt deine Bereitschaft und bringt dich auf den Weg. Lasse dich aus deinem Herzen führen und traue dich in deine ersten Erfahrungen hinein.

Gemeinsam lernen und wachsen

Die Öffnung unserer Medialität benötigt Liebe, Vertrauen und die direkte Erfahrung. Gerade zu Beginn kann es hier viele Unsicherheiten und Fragen geben. Bewusstseinserweiterung, mediale Erfahrungen, Heilung und Transformation sind gemeinsam mit anderen Menschen und einem Lehrer als Impulsgeber, der die Zugänge schon integriert hat, viel leichter zu erreichen als allein. Der Halt und Austausch in einer Gruppe gibt Sicherheit und erleichtert den Vertrauensaufbau enorm.

Wenn du das Channeling gerne vertiefen möchtest oder über ein Buch nicht in einen Kontakt kommen kannst, kann ich dir gerne Unterstützung durch Ausbildungen zum Channelmedium, Heiler oder im Clearing anbieten. Die liebevolle Anleitung einer Ausbildung ermöglicht einen erfahrbaren Kontakt mit der Geistigen Welt, Schwingungsanhebung und Erfahrungen in einem sicheren Raum.

Ich danke dir von Herzen, dass du mit mir durch dieses Buch gereist bist und hoffe, dass dich die Einblicke, Channelings und Schilderungen inspirieren und anleiten konnten, deine Medialität stärker zu nutzen. Dein Leben darf durch viele wundervolle Erlebnisse bereichert werden.

Mögen eines Tages alle Menschen die Wunder ihres göttlichen Seins wiedererkennen!

Von Herzen

Deine Tanja ♥

Danksagung

Von Herzen Danke an Michael und das wundervolle Team des AMRA Verlags. Danke, danke, danke, dass ihr meinen Text mit so viel Herzblut und Begeisterung in dieses wunderschöne Buchgewand gekleidet habt.

Weiterhin gilt mein tiefer Dank meinem Mann, meiner Familie, meinen Freunden und tierischen Begleitern, der Geistigen Welt und meiner geliebten Natur, die mich täglich mit neuen Wundern überraschen.

Und ich bin dankbar für dich, liebe Leserin oder lieber Leser. Dafür, dass du Interesse an meinem Buch gezeigt und es bis hierhin gelesen hast. Danke, dass du dich für die Botschaft geöffnet und mir einen Teil deiner Zeit geschenkt hast!

Vielen Dank an euch alle, mein Herz ist unendlich erfüllt.

Tanja Matthöfer

wirkt als Channelmedium, spirituelle Lehrerin und Seminarleiterin in Velbert. Bereits seit ihrer Kindheit hellfühlig, ist sie mit großer Liebe der Natur und dem Leben verbunden. Nach einer Nahtoderfahrung entstanden in ihrer Jugend erste Kontakte zu Verstorbenen. Daraus entwickelte sich eine große Liebe und Hingabe, Seelen ins Licht zu begleiten und dadurch Klärungsprozesse und Erdheilungen zu unterstützen. Durch eine lebensverändernde Begegnung mit einem Engel wurde bei ihr die Verbindung zu den Bewusstseinsebenen der Quelle und die Fähigkeit des Channelns wieder geöffnet. Sie ging einen bewussten Weg der Selbstbefreiung und lernte dabei, ihr Leben von Grund auf glücklich und liebevoll neu zu gestalten. Seitdem begleitet sie Menschen dabei, erhöhte Bewusstseinszustände zu öffnen, ihre Medialität zu schulen, Lebensblockaden zu erlösen und ein erfülltes, selbstbestimmtes Leben zu erschaffen. Sie ist eng mit der Essenz der göttlichen Quelle, Engeln und Aufge-

stiegenen Meistern verbunden, empfängt neues Wissen und
vermittelt göttliche Impulse in der aktuellen Zeit des Aufstiegs
und der Meisterschaft auf der Erde.

»Von Herzen möchte ich Menschen inspirieren und unterstützen, ihr Herz und Bewusstsein in einer Zeit des Wandels zu
öffnen und ihre Göttlichkeit auf Erden zu leben.«

www.channel-balance.de

NEU

Lee Harris mit Dianna Edwards
DIE DYNAMIK DER NEUEN MENSCHLICHEN SEELE
Band 1 der ›Gespräche mit den Z‹
192 Seiten, gebunden, oranges Leseband
€ [D] 19,99 / € [A] 20,60 • ISBN 978-3-95447-694-7

Die aktuelle Welt durch eine multidimensionale Linse zu sehen und das multisensorische Wesen in sich zu spüren, ist der Zweck dieser medialen Gespräche. Bereits seit der Jahrtausendwende channelt Lee Harris die Z, eine Gruppe von 88 Geistwesen. Ihre geerdeten und praktischen Lehren helfen bewussten und sensiblen Menschen zu heilen, zu gedeihen und in dieser herausfordernden Zeit ein besseres Leben zu führen.

»Lee Harris ist eines der reinsten und stärksten Medien unserer Zeit.« – *Bestsellerautor Kyle Gray*

NEU

Marlies Pante & Die Arcturianer
ERWACHEN DER STARSEEDS
Lichtbotschaften vom Arcturus
224 Seiten, gebunden, oranges Leseband
€ [D] 23,99 / € [A] 24,70 • ISBN 978-3-95447-527-8

»Viele von euch erwachen gerade und erinnern sich an ihre Leben in anderen Dimensionen und Universen. Seit ein paar Jahren bezeichnet ihr Menschen, die solche Erinnerungen in sich tragen, als Starseeds oder Sternensaat. In diesem Buch bringen wir euch nahe, wie ihr euch für die Botschaften der Starseed-Intelligenzen öffnet. Ihr werdet wieder wissen, was eure Lebensaufgabe ist und euch verstanden und getragen fühlen.«

Wie integrieren wir unser neues Denken und unsere neue Sicht auf die Welt? Liebesschwingungen kommen zu uns.

Band 1-2 lieferbar

Patricia Cori
LICHTBOTSCHAFTEN VOM SIRIUS BAND 3
Verbindung mit der höchsten Intelligenz
224 Seiten, gebunden, oranges Leseband
€ [D] 19,99 / € [A] 22,60 • ISBN 978-3-95447-455-4

Und wieder berichten die Sirianer von den neuesten Entwicklungen: Sie erklären die Verbindung zwischen Sirius und unserer Sonne Ra, die Evolution unserer DNA, beschreiben die Gaben der Alten, heilige Stätten und Agartha, die Welt im Inneren – und wie das Licht des menschlichen Geistes jede Dunkelheit durchdringt. Der Blick zum Horizont zeigt eine weite Landschaft erwachender Seelen.

Exklusiv-Kapitel: Deine Anbindung an die sechste Dimension!

Pavlina Klemm & Sayama
Channeln lernen unter Einbezug der 5. Herzkammer
78 Minuten geführte Übungen, Jewelcase, Booklet
€ [D/A] 19,99 • ISBN 978-3-95447-681-7

Energetischer Schutz, Heile deine Chakren, Neuanbindung der Seele, Selbstliebe und Sonnenklang – so heißen die fünf anderen Ausbildungs-Sets der SPIEGEL-Bestsellerautorin Pavlina Klemm. Alle enthalten, von ihr gesprochen, Übungen und Meditationen der Plejader zu diesen Themen sowie gechannelte Heilsymbole.

Michael Reimann & Pavlina Klemm
Kolloidales Germanium [Rife & Solfeggio]
79 Minuten Reiner Klang, Jewelcase, Anleitungen
€ [D/A] 19,99 • ISBN 978-3-95447-680-0

Bisher sind in der Reihe der Kolloidalen Elemente erschienen: *Gold, Silber, Kupfer, Zink, Platin, Eisen, Magnesium, Silizium* und *Germanium*. Die verwendeten Frequenzen gehen in Resonanz mit dem natürlichen Anteil dieser Elemente im menschlichen Körper – durch wundervolle Heilmusik, die Ruhe und Harmonie bringt.

Michael Reimann & Pavlina Klemm
Leber-Aktivierung [528 Hertz Solfeggio]
74 Minuten Reiner Klang, Jewelcase, Anleitungen
€ [D/A] 19,99 • ISBN 978-3-95447-498-1

Auch die Aktivierungs-CDs von Michael Reimann für *Zirbeldrüse, DNA, Chakren* und *Leber* enthalten heilsame Solfeggio-Frequenzen. Eingebettet in harmonische Kompositionen regenerieren sie wichtige Funktionen des Körpers. Die Booklets mit Meditationsanleitungen und Channelings schrieben Jeanne Ruland und Pavlina Klemm.

Sayama, der Musiker von Pavlina Klemm
Selbstheilung Nachtanwendung [528 Hertz Solfeggio]
78 Minuten Reiner Klang, Jewelcase, Anleitungen
€ [D/A] 22,– • ISBN 978-3-95447-466-0

Regeneration durch erholsamen Schlaf, energetischen Schutz und Detox mit Hilfe von Planetenklängen, Solfeggio-Frequenzen und dem Sonnenton, das bietet die vorliegende CD, zu der es auch eine *Tagesanwendung* gibt. Es geht darum, belastende Energien aus den bioenergetischen Systemen des Menschen wieder zu entfernen.

Pavlina Klemm & Sayama
Lichtbotschaften von den Plejaden [Plejaden-Frequenz]
78 Minuten geführte Übungen, Jewelcase, Booklet
€ [D/A] 19,99 • ISBN 978-3-95447-574-2

Zur größten deutschen Channelbuchreihe *Lichtbotschaften von den Plejaden* der SPIEGEL-Bestsellerautorin Pavlina Klemm sind zehn Übungs-Sets erschienen. Sie enthalten Meditationen und Anleitungen aus den Büchern und teils neues Material, das jedem die Möglichkeit zur Selbstbehandlung gibt, aufgeladen mit plejadischen Frequenzen.